AF346742

LE GÉNÉRAL
BREMOND D'ARS

1787-1875

BIBLIOTHÈQUE NATIONALE IMPRIMÉS

PUBLICATIONS DE M. ANATOLE DE BREMOND D'ARS

Historique du 21ᵉ Régiment de Chasseurs à cheval, 1792-1814, par le général de Bremond d'Ars. Souvenirs militaires publiés par le fils de l'auteur. Paris, Honoré Champion, 1903, un vol. in-8° de CCCXIV-350 pages.

Alphabet de l'Art Militaire, de Jean Montgeon de Fléac. Angoulême, G. Chasteignac, 1875, in-8°.

Vie de Mᵐᵉ de la Tour Neuvillars, 1571-1616. Paris, Victor Rétaux, 1889, un vol. in-12 de LXXVII-306 pages.

Les Marins Français dans les derniers combats livrés sur les côtes de Bretagne. Vannes, imp. Lafolye, 1900. br. in-8°.

Biographies Vendéennes. Le Comte Adolphe de Bremond. 1795-1870. Niort, L. Clouzot, 1894, un vol. in-8°.

Comment on pouvait posséder et parvenir sous l'Ancien Régime. Paris, Honoré Champion, 1903, un vol. in-8° de XII-250 pages.

Les Anciennes Maisons féodales éteintes et oubliées. Vannes, imp. Lafolye, 1903-1904, in-8°.

Tous droits réservés.

LE GÉNÉRAL
DE BREMOND D'ARS

1787-1875

NOTES BIOGRAPHIQUES

Extraites de « l'Historique du 21ᵉ Régiment de Chasseurs »

PARIS

HONORÉ CHAMPION

LIBRAIRE DE LA VILLE DE PARIS

ÉDITEUR

9, Quai Voltaire, 9

1904

BIBLIOTHÈQUE

A MES DEUX FILS

JOSEPH et JOSIAS

A MON PETIT-FILS

HELIE de BREMOND d'ARS

Mes chers Enfants,

L'Historique du 21ᵉ régiment de Chasseurs à cheval que j'ai publié est précédé de la biographie de son auteur, le général de Bremond d'Ars, votre grand-père. Il était de mon devoir de la tracer aussi complète que me l'ont permis des notes recueillies un peu partout depuis vingt-cinq ans.

« Qui se plaît au souvenir conserve des espérances », a dit Chateaubriand ; c'est pourquoi, mes chers Fils, après vous avoir rappelé la longue existence de mon père, j'aime à croire qu'elle servira d'exemple à tous ceux que Dieu enverra nous remplacer dans ce monde. Aujourd'hui, nos espérances reposent sur le cher petit enfant venu avec le nouveau siècle.

Peut-être la Providence lui réserve-t-elle le soin de perpétuer, à son tour, le souvenir des ancêtres. Vous lui direz le nom de son vaillant aïeul, le général de Bremond d'Ars, mort en vrai soldat chrétien : et aussi le nom de son grand-père paternel dont l'image demeurera bien vague dans sa jeune mémoire.

Si Dieu lui accorde de longues années, comme la bonté divine a daigné m'en donner, ainsi qu'à mes parents, notre cher Hélie sera le trait d'union entre les générations des siècles passés et celles de ces temps nouveaux que les personnes de mon âge ne voient pas approcher sans inquiétude, car nous touchons à une époque de transformation sociale. Mon grand-père fut témoin de celle qui changea, il y a cent douze ans, l'état de la France, et cette transformation ne s'effectua pas sans de terribles révolutions.

Mais conservons toujours la foi et la confiance iné-branlable de nos pères, mes chers Enfants, avec l'espoir que nos successeurs n'oublieront pas notre sage et vaillante devise : In Fortuna Virtutem : *c'est-à-dire : Quel que soit le sort que l'avenir nous réserve, ayons constamment contre Fortune bon cœur. Mon grand-père et mon père n'y faillirent jamais dans les vicissitudes de la vie, sous le coup des malheurs d'un long exil, au milieu des persécutions et des dangers sans nombre qu'ils traversèrent.*

Puisse enfin — je vous le dis encore, mes chers Enfants — ce simple et fidèle récit, que j'achève d'écrire aujourd'hui, 115ᵉ anniversaire de votre grand-père, se graver dans votre cœur et la mémoire de nos descendants.

Anatole de Bremond d'Ars.

Manoir de la Porte-Neuve-en-Riec (Finistère), ce 24 novembre 1902.

LE GÉNÉRAL
DE BREMOND D'ARS

1787-1875

THÉOPHILE-CHARLES DE BREMOND D'ARS, second fils de Pierre-René-Auguste, marquis de Bremond d'Ars, et de Jeanne-Marie-Elisabeth de la Taste, naquit à Saintes le 24 novembre 1787. Il eut pour parrain l'abbé Charles-Marc-Antoine d'Aiguières, chanoine de Saint-Pierre de Saintes, cousin issu de germain de son grand-père paternel, et pour marraine sa grand'mère maternelle.

Je n'ai pas besoin, mes chers Enfants, de vous parler de notre famille dont vous connaissez l'histoire par les divers ouvrages qui en font mention : je vous rappellerai seulement l'appréciation d'un vieil auteur vivant sous François Ier et Henri II, Nicolas Alain, qui, dans un discours latin, énumérait les principales familles de la Saintonge (1). « Esquissant d'un seul trait, dit M. Louis Audiat, l'origine ou le caractère

(1) NICOLAS ALAIN : *De Regione Santonum et illustrioribus familiis*, réimpression annotée par Louis Audiat. Bordeaux. 1889. Voyez aussi *Histoire généalogique de la maison de Bremond d'Ars*, par Léon de Beaumont. évêque de Saintes. et continuée par le P. Loÿs.

1

particulier de ces antiques maisons » il mentionnait la nôtre en ces termes : *Bermondi sua et avorum virtute clari* ; déclarant par là que nos aïeux se distinguaient autant par leur mérite que par leur naissance ; éloge flatteur qui doit vous servir de guide, surtout à notre époque où le mérite personnel est le seul titre reconnu. C'est une vérité que nos ancêtres n'ignoraient pas, bien que l'on semble croire le contraire, tant est forte la prévention contre les descendants des vieilles races. Faites donc en sorte, mes chers Enfants, d'éviter de la part de vos contemporains cet injuste reproche, en vous rendant utiles à votre pays.

Suivant l'usage adopté dans la famille, le jeune enfant, comme puîné, fut nommé le chevalier de Dompierre, et destiné à Malte (1).

Cette appellation était à la fois la continuation d'une ancienne coutume et un témoignage d'affection envers un grand-oncle, le chevalier du Fouilloux — Jean-Louis de Bremond d'Ars — vieux célibataire, réconcilié depuis peu avec les enfants de son frère. Sous le nom de chevalier de Dompierre, il avait, dès sa jeunesse, servi avec distinction : d'abord, comme cornette, au régiment de dragons d'Orléans, et ensuite au siège de Philipsbourg, en 1734, en qualité d'aide-

(1) La châtellenie de Dompierre-sur-Charente, dans la paroisse de ce nom, près de Saintes, qualifiée parfois de baronnie, relevait directement du Roi, à cause du château de Cognac, sous le devoir d'un *Éperon blanc*. Henri d'Albret, sire de Pons, l'avait échangée en 1623 avec Josias de Bremond d'Ars, mon sixième aïeul.

de-camp du marquis de Clermont Gallerande, lieutenant-général, chevalier des ordres du roi, premier
écuyer de M. le duc de Chartres.

Cette réconciliation venait après de longs procès
que des discussions particulières avaient encore ag-
gravés. Mon grand-père, dans des fragments de mémoires manuscrits, en expose les causes et phases
diverses ; je n'en ferai qu'une courte analyse. L'origine
de ces démêlés, véritable ruine pour les fortunes les
mieux établies, provenait de ce droit d'aînesse, sujet
de tant de critiques. Il est certain que l'on y tenait
beaucoup, bien que, d'après les coutumes de Saintonge, ce droit fort restreint fût plutôt simplement
honorifique. Avec l'égalité des partages entre frères et
sœurs, l'aîné n'avait souvent que de lourdes charges
à supporter. C'est pourquoi, dans notre province, les
possessions territoriales de la noblesse ne furent jamais très considérables.

Mais je reviendrai sur le chevalier du Fouilloux et
l'origine de ce nom de fief.

Il avait, lui-même, fait revivre le nom de Dompierre déjà porté par l'un de ses oncles, appelé Jean-
Louis, né en 1684. Ce premier chevalier de Dompierre,
le huitième fils de Jean-Louis de Bremond d'Ars et
d'Antoinette de Verdelin, était entré fort jeune dans
la marine avec quatre autres de ses frères, nommés
le chevalier d'Angeliers, le chevalier d'Orlac, le chevalier de Saint-Fort et le chevalier du Fresne. Le
premier se retira en 1735, lieutenant de vaisseau et

chevalier de Saint-Louis : marié à Mlle de Monta-lembert, il laissa une fille, femme de son cousin, le comte d'Ars, et qui fut mère du marquis d'Ars, tué à bord de l'*Opale* en 1761. Le second, page du comte de Toulouse, comme son frère, est emporté par un boulet de canon au combat de Malaga en 1704, aux côtés du prince ; et le chevalier de Saint-Fort, grièvement blessé en même temps, fut tué à Gibraltar, l'année suivante. Esménard, dans son poème de la Navigation, fait allusion à cet épisode du glorieux combat du vaisseau l'*Heureux*, et que rappelle aussi le Journal de Dangeau.

> Là, ces guerriers enfants dont le jeune courage
> Brille de leur faiblesse et des grâces de l'âge,
> Elèves d'un héros et fiers de son appui,
> Par la foudre en éclats sont frappés devant lui.

Le chevalier de Dompierre avait aussi pris part au combat de Malaga, et une note de famille ajoute qu'il y fut également blessé. Les années suivantes, il s'était trouvé à diverses expéditions dans l'une desquelles ayant contracté la peste, il vint mourir au port de Rochefort, à peine âgé de vingt-six ans. Il fut inhumé dans l'église d'Orlac. Son plus jeune frère périt en mer, ajoute la même note manuscrite.

Leur père, d'abord page de la chambre du roi, avait ensuite servi dans la marine sous le nom de chevalier d'Ars. — c'était alors la carrière le plus souvent choisie par les jeunes gentilshommes de Saintonge

— et il fut l'un des compagnons du duc de Beaufort accouru au siège de Candie assiégée par les Turcs.

Vous voyez, mes chers Enfants, que mon père portait un nom qui devait lui rappeler, un jour, des souvenirs bien faits pour servir d'exemple, et lui inspirer la plus noble émulation. Il est probable qu'il eût été dirigé vers la marine, puisqu'il était également question de le faire entrer à Malte dès qu'il aurait atteint sa quinzième année. Malte était alors, à la fin du XVIII⁰ siècle, la grande école par excellence pour former des marins : beaucoup des principaux officiers de nos escadres avaient débuté sur les vaisseaux de la Religion, et obtenu ensuite de servir le roi, tout en conservant la croix de saint-Jean-de-Jérusalem, comme chevaliers d'honneur et de dévotion.

Encore, de ce côté, l'avenir semblait assuré au jeune chevalier dont le nom figurait depuis longtemps dans les registres de l'ordre. Sans remonter à Foucaud Bremond, grand-hospitalier en 1202, quand les chevaliers résidaient dans la ville d'Acre, après avoir été obligés d'abandonner Jérusalem en 1191, nous avions un parent de la branche de Vernoux et de Lusseray en Poitou, Jacques de Bremond, commandeur d'Amboise et procureur général du grand-prieuré d'Aquitaine, lequel, dans sa jeunesse, avait d'abord servi en Italie pendant la campagne de 1744, en qualité de cornette au régiment de dragons-Dauphin ; et plus tard, comme aide-de-camp du maréchal de Senneterre, son parent, il avait pris part à l'occupation du duché de Limbourg et au siège de Maëstricht.

Par ses aïeules, mon père pouvait énumérer. dans les preuves exigées. un grand nombre d'autres chevaliers de cet ordre illustre. La maison de Verdelin — aujourd'hui éteinte — en comptait vingt-deux, parmi lesquels : un grand-commandeur de Provence, la première dignité après celle de Grand-Maître ; deux grands prieurs de Saint-Gilles et huit commandeurs et baillis.

L'antique maison de Meaux à laquelle appartenait la bisaïeule de son père, comptait douze chevaliers. dont plusieurs commandeurs et un grand-prieur de France. Guillaume de Meaux, qui, en 1628, avait succédé au grand-prieur Alexandre de Vendôme.

L'usage parmi les familles de la noblesse et même de la bourgeoisie, de donner à chacun des enfants puinés des noms usuels différents et empruntés à des fiefs ou simples domaines. rappelait la coutume des anciens feudataires d'assigner à leurs héritiers divers apanages dont le nom devenait ensuite celui des branches nouvelles qu'ils pouvaient former. Il en est alors résulté parfois que. le nom patronymique disparaissant complètement. les généalogistes ont eu mille peines, après plusieurs siècles, pour retrouver la jonction de ces rameaux avec la souche commune.

L'idée de confier à son fils le soin de faire revivre ou de faire connaître une appellation qui lui était personnellement attribuée. ne pouvait manquer de créer une louable émulation.

D'ailleurs. les grands principes d'égalité sociale

tant prônés n'ont point encore réussi à éteindre le sentiment inné de l'hérédité.

De nos jours, si l'on ne s'attache plus à conserver des noms de terres, on tient tout autant à l'hérédité des prénoms et surnoms, que l'on transforme en une sorte de fiefs transmissibles de père en fils, lesquels prénoms ou noms d'origine finissent, comme jadis, par faire partie intégrante du nom patronymique. Les hommes politiques, les magistrats, les hommes de guerre, les savants, écrivains, artistes, etc. ont surtout innové cette ingénieuse façon de donner à un nom trop communément répandu une marque distinctive qui, le séparant de ses homonymes, l'empêche d'être oublié ou confondu avec eux. Les exemples seraient infinis, et il suffit de citer parmi nos contemporains les Casimir Périer, Félix Faure, Martin du Nord, Boulay de la Meurthe, Régnauld de Saint-Jean-d'Angély, Raoul Duval, Victor Hugo, David d'Angers, Henri Martin, Firmin Didot, etc.

Il serait donc fort injuste de railler les anciens gentilshommes que l'on imite sans s'en douter.

Le nom du Fouilloux que notre grand-oncle, Jean-Louis de Bremond d'Ars, reprenait à la naissance de mon père, n'avait rien de commun avec celui de Jacques du Fouilloux, gentilhomme poitevin, auteur du célèbre traité de la vénerie ; il venait d'une importante châtellenie relevant de la baronnie d'Arvert en

Saintonge, et possédée, dès la fin du XIIIe siècle, par une famille d'ancienne chevalerie du nom de Peyron. Elle passa ensuite par diverses alliances aux maisons de Comminges, de Meaux et du Bourg.

Samuel de Comminges, l'un des premiers connus sous ce nom du Fouilloux, est tué au siège de Maëstricht, en 1673, étant alors lieutenant-colonel du régiment de Candale [1]. C'est ensuite Charles de Meaux, capitaine enseigne des gardes du corps d'Anne d'Autriche, sous les ordres de François de Comminges Guitaut, son oncle, et qui, dès sa jeunesse, avait été placé par le cardinal Mazarin auprès de Louis XIV enfant dont il fut l'un des compagnons de fêtes et de plaisirs. Dévoué à la cause royale, sous la Fronde, il tomba mortellement blessé de la main même du prince de Condé au combat du faubourg Saint-Antoine en 1652. Bénigne de Meaux, sa sœur, successivement fille d'honneur de la reine-mère et de Mme Henriette d'Angleterre, remarquable par sa beauté et son esprit, fut également, sous ce nom de du Fouilloux, célébrée par les poètes à la mode [2]

(1) Deux de ses cousins-germains, Gaspard et Charles de Comminges, fils de Pierre, seigneur de Guitaut, gouverneur de Brouage en 1607, et de Joachime du Breuil de Théon, périrent dans les guerres contemporaines, le premier en 1622, au siège de Montpellier ; le second, seigneur de Fléac, de Saint-Fort-sur-Brouage et du Fouilloux, fut tué en 1630 au siège de Pignerol. Il avait épousé en 1611, Marie de Guip, grand'tante de Mélanie du Bourg.

(2) La *Muse historique*, gazette du temps, annonçait ainsi

Dotée par le roi, Mlle du Fouilloux épousa, en 1667,
« n'étant plus jeune, mais belle » dit Saint-Simon,
Paul d'Escoubleau, marquis de Sourdis et d'Alluye.
Elle mourut, âgée de quatre-vingt-neuf ans, au Pa-
lais-Royal, en 1721, et fut inhumée dans l'église de
Saint-Eustache.

Voici maintenant quelle avait été la cause de la
désunion entre le chevalier de Dompierre et sa famille. Mon grand-père en fait mention dans les fragments de ses mémoires manuscrits, et il aimait, dans
ses longues causeries avec ses petits-enfants, parmi
lesquels je n'étais pas le moins attentif, à nous
parler des faits et gestes de nos bons aïeux et de ses
parents dont la mémoire lui était si chère. Il aimait
surtout à nous répéter ce qu'il leur avait entendu
conter d'intéressant. Je n'ai pas oublié ces curieux
récits, et je me plais aujourd'hui, mes chers Enfants,
à vous les transmettre à mon tour.

L'un de nos ancêtres, Jean-Louis de Bremond et sa
femme Antoinette de Verdelin avaient voulu interver-
tir l'ordre de succession de ce droit d'aînesse, en l'attri-

son entrée à la Cour :

> « ... L'aimable du Fouilloux,
> Dont plusieurs beaux yeux sont jaloux,
> Ayant pour escorte l'Amour
> A fait son entrée à la cour.

Le portrait de la marquise d'Alluye, attribué à Mignard,
appartient aujourd'hui à Mme la marquise de Saint-Légier, née
Potier de Pommeroy, notre cousine, qui le tient de son aïeule
Bénigne de Beaucorps, fille de Charles de Beaucorps, marié en
1705 à Bénigne de Meaux, nièce de Mlle du Fouilloux.

buant à leur second fils, au détriment de l'aîné, venu
au monde sourd et muet. Celui-ci, et plus tard ses
ayants-cause n'acceptèrent point cette clause testa-
mentaire : de là, comme je l'ai dit. surgirent procès
sur procès entre les deux branches de la famille. et
qui ne cessèrent qu'après cent ans de plaidoiries, de
requêtes, de factums, etc. Nos archives en étaient
remplies. Encore fallut-il l'intervention personnelle
du roi qui chargea le maréchal de Richelieu d'aller
signifier sa volonté aux obstinés plaideurs.

Cette cause, toute nouvelle dans les annales judi-
ciaires, avait exercé la faconde des avocats du parlement et l'habileté des plus habiles jurisconsultes
et procureurs.

L'aîné, Pierre de Bremond, mon bisaïeul, avait,
ainsi que son second frère, le chevalier d'Orlac, Pierre-
René, lieutenant-colonel du régiment de Penthièvre,
chevalier de Saint-Louis, manifesté l'intention de ne
point se marier : le chevalier de Dompierre pouvait
donc se considérer comme le futur chef de sa branche
et appelé, par suite, à recueillir le droit d'aînesse.
Cette assurance, jointe aux témoignages d'attachement
de son général, M. de Clermont Gallerande, lui permettait de voir réaliser son projet d'épouser Mlle de
Clermont, dont il était connu depuis son enfance :
alliance fort avantageuse pour un cadet de famille.

Mais l'agrément définitif du père dépendait de
l'abandon immédiat du droit d'aînesse par l'aîné à
son frère M. de Dompierre. Celui-là s'y refusa, et

Mlle de Clermont, fille unique, et naturellement très
recherchée, se maria d'abord à l'un de ses parents,
Georges de Clermont, marquis de Saint-Aignan, puis
à Louis de Brancas, duc de Villars. Veuve de ce
dernier, après une année de mariage, et sans enfants,
elle eût volontiers accepté la nouvelle demande du
chevalier de Dompierre qu'elle n'avait, paraît-il,
jamais oublié. Après de nouvelles et vaines instances
auprès de son frère aîné pour qu'il favorisât son
premier dessein, le malheureux et fidèle chevalier
dût renoncer à ses espérances. On conçoit son dépit
et plus tard son ressentiment ; car mon bisaïeul, en
signifiant de nouveau à son frère le refus absolu
d'acquiescer à ses désirs, lui annonçait, en même
temps, que lui-même devait prochainement épouser
une orpheline, Mlle de la Loüe, fille de feu le marquis
du Masgelier en Limousin, et de Mlle de Nadaillac.
Cette jeune personne, l'amie de ses nièces, était alors
au couvent avec elles et se trouvait sous la tutelle de
Mgr de Lacoré, évêque de Saintes, à qui M. du Masgelier l'avait confiée en mourant. Ce mariage eut lieu,
en effet, le 6 novembre 1758, et fut béni dans la
chapelle épiscopale en présence d'un très petit
nombre d'amis et de parents dans le secret de ce
dessein qui étonna les étrangers autant que le chevalier de Dompierre.

La réconciliation entre les deux frères semblait à
jamais impossible. Elle eut lieu cependant, mais peu
de jours avant la mort de l'aîné, et ne fut définitive

avec la famille qu'après le mariage de mon grand-père et à la naissance de mon père qui devait faire revivre le nom de Dompierre et suivre la même carrière que son grand-oncle. D'ailleurs, c'était un oncle à héritage et bon à ménager : la terre du Fouilloux qui lui était échue à la suite de partages avec les Comminges et les de Meaux dont sa mère, Mélanie du Bourg, s'était trouvée la principale héritière, devait être léguée au chevalier de Bremond, frère puîné de mon grand-père, et devenir probablement le nom de la branche qu'il était appelé à créer. C'est ce qui m'a fait vous donner tant de détails sur ce nom.

Ensuite, mes chers Enfants, je vous dirai que j'ai toujours vu avec peine que l'on n'appréciait pas assez le vif intérêt de ces traditions orales soigneusement conservées dans certaines familles, et qui nous révèlent de bien curieux rapprochements entre les anciennes et nouvelles générations ; car, habituellement, l'on ne se rend pas un compte exact du temps passé : un ou deux siècles nous semblent toucher presque à la légende. Cependant, il est facile de comprendre qu'il suffit de deux ou trois septuagénaires se succédant, pour que leurs simples récits nous rappellent les faits historiques les plus éloignés, et nous mettent, pour ainsi dire, en rapport direct avec de très lointains prédécesseurs.

Mais toutes les familles n'ont pas ce culte des souvenirs, et la plupart négligent de perpétuer ces traditions que jadis l'aïeul se plaisait à confier à ses petits-enfants

Il n'en était pas de même dans la nôtre, mes chers Fils, comme vous le prouveront mes fréquentes et longues digressions.

*
* *

L'avenir semblait apparaître sous les plus heureux auspices ; les circonstances présentes permettaient même à notre famille d'en être assurée. Les longs procès entre les deux branches avaient pris fin, grâce, il est vrai, aux sacrifices volontaires de mon bisaïeul et de sa femme, Mlle de la Loüe, douée d'une grande fermeté de caractère et du plus admirable dévouement pour tous les siens ; et grâce aussi à des renonciations de la part de mon grand-père (1). Par suite de la mort du marquis d'Ars, qui ne laissait que des filles, et du dé-

(1) Marie-Catherine de la Loüe, née au château du Masgelier le 17 août 1732, mourut à Saintes, le 30 janvier 1781. Son bisaïeul, Daniel de la Loüe, avait épousé en 1655, Josette-Françoise de la Tour Neuvillars sœur de Jean de la Tour Neuvillars, chevalier de Malte, tué, en 1659, au siège de Candie, et petite-fille de Jean de la Tour, seigneur de Neuvillars, et de Suzanne de la Pomélie, morte en odeur de sainteté, dont le Père Nicolas du Sault a écrit la vie, ouvrage que j'ai fait réimprimer en 1883. La famille de la Loüe s'est éteinte avec la comtesse Elisabeth de la Loüe, chanoinesse de Neuville. Hortense de la Loüe, comtesse des Roches de Chassay, et Angélique de la Loüe, marquise du Masgelier, morte en 1847, veuve de son cousin germain, le chevalier de Bremond, mon grand-oncle. Le 4 des ides de juin 1248, Guillaume, seigneur du Masgelier, à la veille de son départ pour la Terre-Sainte, avait fait de grandes libéralités à l'église de Saint-Etienne de Limoges. En 1601, Philippe de Loüe avait été reçu chevalier de Malte.

cès du vicomte d'Ars, officier de marine, chevalier de Saint-Louis, ancien lieutenant de roi, gouverneur de la Trinité, survenu en 1779 à Genève où il s'était retiré, mon grand-père se trouvait alors le chef de sa maison. La branche des barons de Balanzac et de Vaudoré, séparée de la nôtre depuis Jean de Bremond, grand-sénéchal d'Angoumois, chambellan et maître d'hôtel de Louise de Savoie, n'était plus représentée que par le baron de Bremond de Vaudoré, ancien officier au régiment de Normandie, lieutenant des maréchaux de France, et commissaire de la noblesse à Thouars, également sans enfants et sans héritiers. Il avait voulu être le parrain de l'un de mes oncles, laissant pressentir que la fortune de son antique rameau serait un jour réunie à celle de ses aînés.

Enfin, Jean-Louis de Bremond, le vieux chevalier de Dompierre et du Fouilloux, malgré son amour pour les procès qu'il entretint toute sa vie, et principalement pour revendiquer les droits attachés à cette seigneurie du Fouilloux, n'en laissait pas moins des biens assez considérables à ses neveux, notamment à mon grand-oncle, le chevalier de Bremond, qui devait, à son tour, continuer sous ce nom la longue série, six fois centenaire, des châtelains du principal fief de la baronnie d'Arvert.

Il était mort au château du Fouilloux, le 21 juillet 1789, âgé de soixante-quinze ans, après s'être fait représenter par son neveu à l'assemblée de la noblesse de Saintonge pour la nomination des députés aux

Etats-Généraux du Royaume. Il avait pu voir de quelle considération l'aîné de ses neveux, Pierre de Bremond d'Ars, à peine âgé de trente ans, était déjà entouré de la part des gentilshommes de la province qui reconnaissaient les qualités et les talents de ce jeune homme appelé à rendre les plus grands services à son pays en le faisant le défenseur de leurs intérêts dans la future assemblée, mais tout en se prêtant aux réformes politiques et sociales si impatiemment attendues (1).

Le chevalier de Dompierre emportait ainsi dans la tombe les plus certaines espérances de prospérité pour ses héritiers. Eux-mêmes les partageaient au milieu de l'enthousiasme universel de cette époque. Mon grand-père l'avoue lui-même dans une lettre à son fils Théophile (2).

Le bonheur de son foyer avait déjà réalisé ses rêves, car dans le choix de sa compagne mon aïeul suivit uniquement son inclination ; il n'avait recherché ni la fortune, ni une situation élevée. Mlle Elisabeth de la Taste fille du président de la Taste, appartenait à une ancienne et honorable famille de magistrature,

(1) Nommé commissaire de la Noblesse pour la vérification des titres des électeurs. le comte Pierre de Bremond d'Ars fut ensuite proposé pour être député aux Etats-Généraux, concurremment avec le comte de la Tour du Pin Gouvernet, lieutenant-général des armées du Roi, et gouverneur de la province, qui ne fut élu qu'au troisième tour de scrutin ; mais M. de la Tour du Pin ayant été nommé ministre de la guerre, (4 août 1789), mon grand-père alla aussitôt le remplacer à l'Assemblée nationale.

(2) V. page 79.

originaire de la Guienne et établie en Saintonge depuis le XVI° siècle (1).

Les qualités et les vertus de cette jeune fille l'avaient emporté sur toute autre considération aux yeux de mon grand-père : et, durant toute sa vie, il remercia la Providence d'avoir préparé son union avec une personne si accomplie. vivante image de la femme forte des Ecritures et dont les rares vertus se révélèrent surtout aux jours de l'adversité. Les deux sœurs de ma grand'mère, Mmes Gillis et la comtesse de Maurville, élevées dans les mêmes sentiments, partagèrent ses joies et ses malheurs.

En effet. mes chers Enfants, me voici arrivé à une époque où mon récit doit brusquement changer de ton ; il me faut interrompre cette énumération, trop étendue. trop complaisante peut-être, de tous les faits marquants de l'histoire de nos ancêtres. Mais, cependant, si j'en ai tracé le tableau avec une infinité de détails, ne croyez pas que ce soit dans le but de vous inspirer des sentiments de vanité, loin de là. D'abord. mon dessein était de vous enseigner qu'il ne vous est pas permis d'être moins attachés à vos devoirs que ne le furent nos pères, ni moins dévoués à votre patrie et à vos concitoyens : et pour vous con-

(1) En 1565. Henri de la Taste, conseiller au parlement de Bordeaux, périt massacré par les huguenots à la suite d'un jugement qu'il avait rendu contre certains chefs des Réformés.

vaincre ensuite que les calculs les plus certains, les projets les mieux arrêtés, les espérances les plus fondées, les rêves d'ambition les plus honnêtes et les plus raisonnables, la fortune la plus solide, les liens de famille les plus étroits, en un mot tous les avantages d'une situation heureuse et brillante, si enviée de gens moins favorisés des dons de la Providence, que tout cela réuni, mes chers Enfants, n'est souvent qu'un vain fantôme, une image trompeuse comme le rêve prompt à s'évanouir et ne laissant que d'amers regrets. Tel fut l'épouvantable réveil de nos grands parents aux premières heures des jours néfastes de la Révolution. Pour eux, comme pour une foule de familles, tout ce qui les attachait à la vie leur était enlevé, même l'espérance, l'unique consolation dans l'infortune.

Mon père et ses jeunes frères avaient à peine entrevu le rayon de bonheur qui éclaira les premiers jours de leur enfance, quand ils se trouvèrent tout à coup arrachés de la paisible demeure héréditaire où ils grandissaient sous les yeux charmés de leurs parents. Mon grand-père, obligé de quitter sa famille avec son beau-frère, M. de Maurville, errait sur la terre étrangère : ma grand'mère, détenue d'abord dans sa maison, puis enfermée ainsi que sa sœur de Maurville avec une foule d'autres personnes déclarées suspectes, dans l'ancien couvent de Notre-Dame à Saintes, avait obtenu la faveur d'emmener son fils Jules, âgé de trois ans, et le

plus jeune enfant qu'elle allaitait et qui mourut
bientôt par suite des privations et des chagrins de
sa mère (1) ; tous nos biens sequestrés ou vendus,
les meubles enlevés et dispersés, ma tante la chanoinesse, la comtesse Sophie, sœur de mon grand-
père, jetée dans les prisons de Brouage avec son
frère le chevalier et sa belle-sœur, où étaient entassés
une foule de prisonniers dont la moitié au moins, appartenant à toutes les conditions, religieux, magistrats, notaires, avocats, médecins, commerçants,
artisans, domestiques, laboureurs, n'étaient ni nobles,
ni même suspects de royalisme : détention qui souvent, au moindre caprice des farouches comités, pouvait se terminer par l'échafaud.

C'est le citoyen Bernard qui avait fait arrêter à
Saintes, le 24 mars 1793, tous les parents des émigrés au-dessus de quatorze ans (2).

Heureusement que la sœur aînée de ma grand'
mère, Mme Gillis, dont le mari avait une maison à
Marennes, y emmena ses deux neveux Josias et
Théophile, et, durant la captivité de leur mère, les en-
toura des soins les plus affectueux et les plus vigi-

(1) Marie-Adolphe-Théodat de Bremond, né le 30 août 1791,
mort le 16 mars 1794 dans la prison où sa mère resta encore
jusqu'au 10 janvier de l'année suivante. Son père n'eut jamais
le bonheur de voir ce pauvre enfant, victime innocente de la
Révolution.

(2) André-Antoine Bernard, fils d'un notaire de Corme-Royal,
conventionnel et régicide, envoyé en mission dans un grand
nombre de départements, se signala comme terroriste. Il est
mort en exil à Madère, en 1818.

lants ; et les considérant déjà comme de malheureux orphelins, son attachement pour eux n'en était que plus profond. Ainsi s'écoulèrent pour les pauvres petits ces jours terribles de 1793 et 1794. Mon père, bien que très jeune, en avait cependant conservé un vague et pénible souvenir. Il se rappelait l'effroi et la douleur de sa tante et de son oncle quand on apprit la mort du Roi. Leur maison, comme celles de tous les honnêtes gens, était restée fermée par crainte des attaques de la populace en délire, et qui parcourait les rues de la ville au chant de la *Marseillaise*, et y mêlaient des cris de mort et de vengeance contre les passibles citoyens. Cette première impression ne s'était jamais effacée. Aussi, lorsqu'en 1870, au moment de nos désastres, le gouvernement impérial crut ramener la victoire en décrétant que la *Marseillaise* de 1792 serait l'hymne national, votre grand-père, mes chers Enfants, ne pouvait guère comprendre ce singulier retour. Sa surprise eut été plus grande, s'il avait encore assez vécu pour lire dans les journaux que tous les souverains, et même les princes de l'Eglise, entendaient ce même chant découverts et debout. Notre étonnement n'existe plus, car, aujourd'hui, l'hymne officiel est presque devenu un chant réactionnaire pour les sectes nouvelles qui lui préfèrent la *Carmagnole* et le *Ça ira*. En 1830, les révolutionnaires, plus pacifiques, avaient remplacé la *Marseillaise* par la *Parisienne*, justement appelée l'hymne bourgeois. Il y a progrès pour tout.

Mon père et son frère Josias se souvenaient encore du jour où l'on vint. au nom de la Nation. s'emparer de la maison et la transformer provisoirement en prison pour ma grand'mère, avant de l'incarcérer au couvent de Notre-Dame, et où ma tante la chanoinesse l'avait précédée. Les trois jeunes enfants étaient présents lors de l'inventaire du mobilier, et ne pouvaient guère se rendre compte de cette opération : et même l'aîné s'empressait de désigner aux commissaires les meubles et différents objets qu'ils semblaient oublier. Mais mon père, plus réfléchi,et voyant l'air consterné de sa mère et de sa tante de Maurville, comprit que cette visite n'avait rien de naturel, il s'en aperçut le premier. — « Théophile, dit ma tante Sophie dans le récit qu'elle fait de cette scène, voyant les larmes de sa mère. devine un malheur et lui demande : ces messieurs vont-ils nous faire du mal? Puis, s'approchant hardiment des commissaires, il ajoute : vous allez donc emporter nos *hels* meubles ? » (1)

1) Ma tante avait reçu dans sa prison l'avertissement suivant : A la citoyenne Sophie Bremond, détenue à la maison de détention du cy-devant N. D. :

« Un arrêté du Département t'a déclarée propriétaire en partie des meubles sequestrés sur la tête de ton frère à Dompierre, mais tes droits ne s'étendent pas sur tous indistinctement. Cependant la loi nous charge de faire vendre tous les meubles de ces nobles chevaliers. Nous t'invitons donc. dans ton intérêt. à nous faire passer, dans deux heures. l'état de ceux qui t'appartiennent en partie, autrement dans peu, ils seront vendus etc. » Signé: *Hillairet. Leblanc. Vauderquand* et *Moreau.* Xante (cy-devant Saintes) le 13 nivôse de l'an deux de la République une et indivisible. (3 janvier 1794). Ce sont ces quelques débris de

Pauvres enfants ! ce n'était que le prélude de votre ruine ! Mme de la Taste, grâce à son âge, fut laissée en liberté, mais à peu près dépouillée de ce qu'elle possédait en propre. Il lui fallut adresser requête sur requête pour obtenir « main-levée de deux lits qu'elle prétendait lui appartenir, et qui ont été portés sur l'inventaire des meubles fait chez Bremond et Maurville, émigrés ».

L'affaire paraissait grave, car cette réclamation ne fut point admise : « Le directoire du district, considérant que la citoyenne pétitionnaire ne prouve par aucuns titres justificatifs que les deux lits qu'elle réclame lui appartiennent ; qu'il est même plutôt probable qu'elle a concédé à ses deux filles, et en avancement d'hoirie, les deux lits dont il est question. »

C'était là une des moindres vexations de la part des autorités.

Mon grand-père maternel, mort en 1859, le chevalier de Guitard, m'a également, comme mon père, parlé de ces temps de malheur. Ses souvenirs étaient plus précis, car, âgé de quinze ans, il ne pouvait ou-

mobilier que ma tante avait pu arracher, qu'elle abandonna à sa belle-sœur, heureuse encore de les retrouver à sa sortie de prison ; mais ce ne fut pas sans échanger bien des lettres et requêtes où la politesse n'était pas du côté des agents officiels. L'ancienne chanoinesse de l'insigne chapitre royal de Saint-Louis de Metz n'était plus que « la fille Bremond », de même que la Reine de France était devenue « la veuve Capet. » Voilà qui démontre bien la fragilité des anciennes distinctions ; c'est le passé que, dans leur haine rétrospective, les révolutionnaires ont toujours tenté d'effacer.

blier aucun des événements de cette époque. Sa mère, veuve depuis 1788, du comte de Guitard, brigadier des armées navales du Roi, vivait très retirée avec ses deux jeunes fils dans son château de Rétaud, lorsqu'on vint l'arrêter sans aucun motif pour l'envoyer avec ses enfants dans les prisons de Rochefort, après avoir mis ses biens sous séquestre (1). Mon grand-père conserva toute sa vie le sentiment de crainte que ses farouches geôliers lui avaient inspiré par leurs mauvais traitements quand ils obligeaient les prisonniers à des travaux manuels, entre autres la confection des briques. Aussi, vit-il les Révolutions de 1830 et de 1848 avec

(1) Jean-Louis de Guitard de la Borie, comte de Guitard, baron de Rioux, etc , chevalier de Saint-Louis et de Saint-Lazare, capitaine des vaisseaux du Roi en 1779, brigadier des armées navales de S. M. en 1785, né à Rochefort en 1739, fils de Jean de Guitard, lieutenant de vaisseaux, tué dans un combat naval, et petit-fils d'autre Jean de Guitard, baron de Ribérolle en Angoumois, page du Roi, également mort au service, et de Suzanne Desmier d'Archiac, avait, dès sa jeunesse, pris part aux guerres maritimes des Indes, notamment à bord du *Minotaure*. Il avait épousé en 1773, Marie-Pélagie de Bretinauld de Saint-Surin, fille d'Henri, baron de Saint-Surin, de Rétaud, marquis de Chenac, lieutenant de vaisseaux. Le comte de Guitard fut inhumé dans l'église de Rétaud où l'épitaphe de son tombeau rappelant ses services, fut deux fois arrachée, en 1793 et en 1830, sous le prétexte que les titres de ce vaillant marin blessaient l'égalité. C'est ce que répétait encore après 1848 le maire de cette commune.

La famille de Guitard, connue depuis Etienne, vivant à la fin du XIe siècle, et Pierre et Aimery Guitard, croisés avec plusieurs chevaliers de la Marche, et qui prêtaient serment au Saint-Sépulcre en 1156, s'est éteinte en 1898, en la personne de François-Albert de Guitard, baron de Ribérolle, qui n'a laissé u'une fille.

peu de confiance ; ces divers changements de régime, la révolution de 1870 et l'établissement de la République, s'il en eut été témoin, ne l'auraient pas rassuré davantage en fait de politique. Les générations nouvelles ne peuvent guère comprendre les malheurs de nos pères.

Lorsque ma grand'mère et mes tantes furent mises en liberté, que de ruines ne virent-elles pas de tous côtés ! Le château de Dompierre vendu à un paysan de la commune avec les meilleures terres, ainsi que le château d'Orlac et ses dépendances (1). Le château du Fouilloux, les riches marais salants et autres propriétés situées à Marennes et Arvert adjugés à des

(1) Mon grand-père, au moment de la Révolution, se disposait à reconstruire le château d'Orlac et à restaurer l'église paroissiale, lieu de sépulture d'un grand nombre de ses parents, entre autres son père et sa mère. C'est pour obéir à ses dernières volontés, qu'en 1867, je me rendis acquéreur de cette vieille église avec son presbytère et le cimetière qui l'entourait. Il m'a fallu la rebâtir en entier, car elle tombait en ruines. Cette antique chapelle dépendait de l'abbaye de Saint-Cyprien de Poitiers, et il en est fait mention dès le XIe siècle. En 1612, Jacques de Verdelin, lieutenant-colonel du régiment de Navarre, l'ami et le compagnon du duc d'Epernon, l'acheta au président Jean Le Comte, baron de la Tresne, et en prit le nom. Quand il périt dans la guerre du Piémont, en 1639, sa fille unique, Marie de Verdelin, hérita d'Orlac et apporta cette terre en 1630, à son mari, Jean-Louis de Bremond, marquis d'Ars. Depuis, le nom d'Orlac a été celui de notre branche ; et Jacques-René de Bremond, mon trisaïeul, titré marquis de Bremond, baron de Dompierre et d'Orlac, comme chef de la branche puînée, est aussi qualifié marquis d'Orlac dans plusieurs lettres et actes, notamment dans des arrêts du Conseil d'Etat du Roi, des 12 avril et 20 mai 1746, au sujet de contestations avec les fermiers des Aides de la Généralité.

prix dérisoires (1). A Saintes, on avait enlevé de l'hôtel
tous les meubles de quelque valeur et jusqu'aux
cadres de ces vieux portraits de famille que l'on avait
dédaigné d'emporter, ainsi que d'anciennes tapisseries
passées de mode dans ce temps-là ; la bibliothèque
de mon grand-père dispersée et confisquée en grande
partie au profit de la bibliothèque publique de la ville,
comme les autres bibliothèques des communautés religieuses.

Nos parents de Niort, le marquis de Bremond Lusseray, sa femme, sa fille, et ses deux frères, l'abbé et
le commandeur de Bremond, avaient été emprisonnés
sans égard pour leur grand âge et la juste et affectueuse considération dont ils étaient entourés. Le fils
aîné, le comte Alexandre, errait en Suisse avec sa
femme et ses jeunes enfants (2). Le baron de Bremond
Vaudoré, dont j'ai parlé, n'avait pu échapper à la fureur

(1) Les morts et leur sépulture n'étaient pas plus épargnés
que les vivants et leurs demeures. En 1792, non loin d'Arvert,
à Saint-Fort-sur-Brouage, la chapelle que la veuve de Charles
de Comminges, tué au siège de Pignerol, avait consacrée à
son mari, fut détruite ; les chàsses de plomb furent enlevées
et les ossements qui s'y trouvaient dispersés, sans égard pour
un vaillant serviteur de son Prince, mort — disait son épitaphe — « couvert de palmes et de lys ». Par un triste rappro-
chement, rappelons que les tombes de la famille du Bourg à
laquelle était alliée Marie de Guip, la fidèle épouse de Charles
de Comminges, furent également brisées dans l'église des Jacobins à Saintes, par l'ordre du citoyen Lagarosse (A. Lételié :
Ronce-les-Bains, Marennes, Paris, A. Picard. 1890. — Rainguet,
Biog. Saint. — L. Audiat, *Epigraphie Santone.*)

(2) Biographies vendéennes : *Le comte Adolphe de Bremond.*
Niort, L. Clouzot. 1894.

des jacobins de son pays. Dénoncé comme impliqué dans « un complot contre le peuple », il fut envoyé dans les prisons de Saumur. Le tribunal, peu suspect de pitié, ne pouvant trouver les preuves de l'accusation, le déclara absous et ordonna sa mise en liberté : c'était au milieu de la nuit : il obtint de ses juges la faveur de ne sortir de prison qu'au lever du jour, espérant trouver un gîte dans la ville ou aux environs. Cet acquittement exaspéra la populace, excitée par les poissardes de Saumur, et presqu'aussitôt les portes de la prison cédaient à l'émeute, et le malheureux vieillard de soixante-dix ans était impitoyablement massacré par ces forcenés, ainsi qu'un pauvre prêtre nommé l'abbé Giraud, son compagnon de captivité. Quatre ans auparavant, il avait été élu par acclamation commandant de la milice de la ville de Thouars et des pays voisins, où par ses bienfaits et les services qu'il n'avait cessé de rendre à ses concitoyens, et sa charité envers les pauvres, son nom était aimé et respecté (1).

La popularité, rarement fidèle, eut souvent alors de ces cruels retours.

Un calme relatif s'était produit et la persécution en

(1) Alexis-Charles-François de Bremond, fils unique de Charles de Bremond, baron de Vaudoré, en Poitou, capitaine au régiment de Bacqueville, avait servi dès sa jeunesse dans les régiments de Flandre et de Normandie ; il avait fait partie du ban convoqué en 1758 pour s'opposer à la descente des Anglais.

De son mariage avec Mlle de Rangot de Luzay, il n'avait eu qu'une fille morte en bas-âge.

France semblait s'être ralentie à la mort de Robespierre. Les prisons commençaient à s'ouvrir peu à peu, non plus pour l'échafaud, mais pour une certaine liberté. Les détenus rentraient dans leurs maisons sous des conditions de rigoureuse surveillance. Les correspondances à l'étranger étaient moins rares et plus faciles, bien que la peine de mort menaçât toujours l'imprudent émigré qui eût tenté de rentrer dans sa patrie.

C'est dans ces lettres, arrivées à leur destination au moyen de mille détours et subterfuges, de pseudonymes de convention variant sans cesse, et, par conséquent, très difficiles à découvrir, que nous retrouvons le récit des événements qui se succédèrent encore durant bien des années.

Ma grand'mère et sa sœur Mme de Maurville avaient été mises en liberté le 21 nivôse an III, (10 janvier 1795), ma tante la chanoinesse peu de jours après, et mes autres parents presqu'à la même date, après vingt-deux mois de captivité (1) Les scellés furent levés par le même arrêté, ce qui permit à ma grand'mère de rentrer dans sa maison de Saintes et sa propriété de Montplaisir avec sa sœur et sa belle-sœur, la chanoinesse, et de reprendre ses deux fils aînés, dont elle ne cessa, jusqu'au retour de mon grand-père, de s'occuper avec le plus admirable dévouement pour leur éducation, en leur donnant, malgré sa gêne extrême, les

____

(1) Arrêté signé de Legendre, Reverchon, Lomon, Barras, Bourdon (de l'Oise) et Mathieu.

maîtres les plus capables de les instruire , et entre
autres, l'abbé Montillet, originaire de Toulouse, qui
se consacra à ses élèves avec le zèle le plus constant :
aussi firent-ils de rapides progrès (1. En 1797, ma
grand'mère perdant tout espoir du retour de son mari
était décidée à vendre son domaine de Montplaisir pour
aller à Hambourg avec ses enfants, et de là s'établir
en Amérique, comme beaucoup d'émigrés en avaient
formé le projet. Mais ses amis l'en dissuadèrent, et
même mon grand-père sur les conseils de Mmes de Tessé
et de Montagu qui conservaient toujours une lueur
d'espérance dans l'avenir. La sainte femme se soumit à
cet avis, en répétant les nobles paroles de résignation
que lui inspirèrent les malheurs de la famille royale.
après avoir, dans une lettre à mon grand-père, retracé
les détails du 21 janvier 1793 : « qui oserait à présent
se plaindre de son sort ? » (2)

Elle continua donc à vivre dans la solitude et la
tristesse. ne négligeant rien pour ajouter à l'instruction classique de ses enfants l'enseignement des arts
d'agrément qui pouvaient avoir une égale utilité dans
la détresse pour ne pas mourir de faim.

Les émigrés en avaient alors la preuve : car l'on
sait qu'un grand nombre d'entre eux durent leurs
moyens de subsistance à l'art de la peinture, de la

(1) L'abbé Montillet, quand les églises furent rouvertes, fut
nommé curé de Courcoury où il est mort en 1812.

(2) *Souvenirs d'Émigration*, Revue de Bretagne et Vendée.
t. XXVI, p. 53. 121. 221. 255.

musique, et même de la danse, talents acquis aux jours de prospérité : mon grand-père fit aussi la cruelle expérience que les connaissances en histoire, en littérature et sciences mathématiques, étaient le seul trésor que personne ne peut ravir : car partout il avait pu dire comme le stoïcien tombé dans l'infortune. *Omnia mecum porto.*

Ainsi s'écoulèrent encore cinq années avant la fin de l'exil de mon grand-père. Ses deux fils aînés, Josias et Théophile, ne cessaient de le demander et d'interroger leur mère : « ils le croyaient toujours à Paris à l'Assemblée nationale dont les séances, disait Josias, étaient bien longues : de son côté, le petit Théophile ajoutait : « Pourtant, papa, quand il partit, nous avait promis de n'aller que jusqu'à Saint-Jean-d'Angély : écrivez-lui donc de revenir me faire jouer. » « Naïves questions, écrit ma grand'mère : mais, hélas ! les pauvres petits ne savent pas combien elles sont douloureuses pour moi ! Enfin, nous sommes ici sous la garde de Dieu seul, et si je n'y mettais toute ma confiance. je serais bien malheureuse... »

Le vénérable abbé d'Aiguières, le parrain de mon père. venait cependant tenir fidèle compagnie aux trois pauvres femmes et les encourager à la résignation chrétienne par son exemple et ses sages conseils. (1)

(1) Mme de Maurville fut bien cruellement éprouvée par la perte de son mari mort en émigration. L'intéressant ouvrage de M. le marquis de l'Estourbeillon, *Les Familles françaises à*

De son côté, durant ses dix années d'exil, mon grand-père avait successivement pris part à la défense de Maëstrich, en 1793, et de la ville de Liège en 1794, où il séjourna assez longtemps : puis, obligé d'en sortir lors de la seconde invasion des armées républicaines, il se retira à Nimègue et de là à Rotterdam où il fut assez heureux de trouver une généreuse et touchante hospitalité dans la famille Valeton qui lui confia l'instruction de ses enfants Mais il lui fallut encore abandonner ce dernier asile et passer dans le Holstein, trajet périlleux qu'il fit à pied, au mois de janvier 1795, en traversant le Zuyderzée sur la glace et au milieu des neiges amoncelées. Il arriva enfin à Pyrmont après des péripéties sans nombre, et se rendit ensuite à Hambourg où il retrouva, là et dans les environs, plusieurs de ses compatriotes, émigrés comme lui, ainsi qu'un grand nombre d'autres exilés, entre autres M. et Mme de Tessé et leur nièce.

Jersey pendant la Révolution, reproduit deux lettres adressées à mon grand-père ; l'une, du 30 juin 1795, écrite de Jersey par M. de Maurville : la seconde, datée de Londres le 2 mars, 1796, par laquelle le vicomte Antoine de Maurville lui fait part du décès de son frère qui avait succombé le 21 février aux privations et aux fatigues de l'exil à Weymouth, petit port d'Angleterre. Né en 1748, Charles-Alexandre de Maurville avait épousé Eustelle de la Taste le 12 juin 1789. Il mourait sept mois après son frère, Hippolyte de Maurville, également lieutenant de vaisseau et chevalier Saint-Louis, fusillé à Quiberon.

Mme de Montagu, qui, venus d'Erfurt, s'étaient installés à Altona près de Ploën (1). Il les avait beaucoup connus à Paris, pendant la réunion de l'Assemblée Nationale où le comte de Tessé fut son collègue comme député de la Noblesse du Maine. Mme de Tessé avait eu la précaution de se munir de certaines valeurs, non pas considérables, mais qui lui permirent bientôt d'acheter une terre à Wittmold, sur la rive septentrionale du lac de Ploën ; et, en mettant sa famille à l'abri du besoin, lui procurèrent le bonheur d'être utile aux autres (2).

Malgré les malheurs accumulés par la Révolution, Mme de Tessé n'avait pas abandonné les idées philosophiques de sa jeunesse. « En philosophie, Voltaire avec qui elle avait été très liée, était son maître ; en politique, M. de la Fayette, son neveu, était son héros. Mme de Staël disait que Mme de Tessé était la personne à qui elle avait trouvé le plus d'esprit. Mme de Montagu pouvait dire que c'était la personne en qui elle avait trouvé le plus de bonté. » (3).

(1) René-Mans de Froulay, comte de Tessé, grand d'Espagne, lieutenant-général et chevalier des Ordres du Roi, premier écuyer de la Reine, mort en 1814, avait épousé, en 1755, Adrienne de Noailles, décédée dix jours après son mari, âgée de soixante-treize ans. Mme de Montagu, sa nièce, dont la vie admirable a été écrite avec tant de charme et d'intérêt, est morte en 1839. C'est à cet ouvrage bien connu que nous renvoyons le lecteur pour plus de détails sur cette famille si cruellement éprouvée. Le même jour, le 22 juillet 1794, la grand'mère, la mère et l'une des sœurs de Mme de Montagu, la vicomtesse de Noailles, avaient péri sur l'échafaud.

(2) *Vie de Pauline de Noailles, marquise de Montagu.* 2e édit. p. 103.

(3) *Id.* p. 330.

Mon grand-père pouvait lui rendre le même témoignage, et il en eut souvent des preuves comme l'un des « adjudants zélés » de Mme de Montagu dans la fondation et la direction de l'Œuvre des Émigrés, œuvre immense qui devait soulager la misère de plus de quarante mille Français. Il eut donc également la consolation de venir en aide à de plus pauvres que lui, grâce à son industrie toujours ingénieuse. Associé avec MM. de Beauchamps et de Saint-Maurice, il avait établi un petit commerce que ses amis de Bordeaux pouvaient alimenter par l'envoi — fort difficile, il est vrai — de quelques marchandises, et auquel Mme de Tessé avait voulu participer : ces généreuses et vaillantes femmes n'en vivaient pas moins de sacrifices et de privations ; et nous voyons la colonie de Wittmold s'en imposer sans cesse de bien pénibles, en abandonnant pour de faibles prix les derniers restes de leur ancien luxe, tels qu'objets d'art, bijoux, meubles précieux, riches dentelles, etc. ; on en voit le détail dans la correspondance des habitants de Wittmold avec mon grand-père, chargé par eux de ces tristes missions auprès des commerçants juifs d'Hambourg.

Mon grand-père avait eu le bonheur de placer comme chapelain de cette colonie un des directeurs de cette belle œuvre des émigrés, son fidèle ami et parent, l'abbé de Luchet, ancien chanoine de Saintes, abbé de Masdion, grand archidiacre et vicaire général de Mgr de la Rochefoucauld, le dernier évêque de Saintes, massacré aux Carmes (1).

Je ne m'étendrai pas davantage ici sur ce sujet que je compte reprendre avec plus de détails dans un autre ouvrage : je tenais seulement, mes chers Enfants, à vous dire quelques mots des meilleurs compagnons d'exil de mon grand-père : leur amitié ne varia jamais, amitié et dévouement qu'ils reportèrent ensuite sur mon père dont ils facilitèrent l'entrée dans la carrière militaire.

Dans une longue lettre du 29 janvier 1800, où ma grand'mère est encore obligée d'écrire sous des noms et avec des termes de convention — le danger des correspondances avec les émigrés étant toujours permanent, — nous voyons l'emploi de chaque jour de cette triste existence adoucie par l'espérance et la pratique des plus éminentes vertus. « *Ma belle-mère* — (La République) — que ma position ne touche aucunement, s'oppose absolument à l'entrevue qui pourrait adoucir la rigueur de mon sort. Cette méchante femme de qui je dépends me signifie ses volontés du ton le plus impérieux et jusqu'à présent elle ne veut

1. *Vie de M*ᵐᵉ *de Montagu*, page 185. — L. AUDIAT : *Deux Victimes des Septembriseurs.* — Jean-Louis-André, abbé de Luchet, émigré en Hollande et en Allemagne, avec mon grand-père, nous était allié par l'une de ses aïeules, Bénigne de Rabayne. L'un de ses frères, — ils étaient quatorze enfants — le marquis de Luchet, auteur de plusieurs ouvrages, avait été bibliothécaire du roi Frédéric II. Deux autres furent chanoines de Saintes : l'un mourut sur les pontons de l'île d'Aix, et le second fut déporté en Espagne. Ils avaient d'abord appartenu à la compagnie de Jésus.

pas renoncer au moindre de ses droits en ma faveur.
Nous venons d'écrire à *Germeuil*,(le chevalier de Piis),
l'un de ses amis, pour lui demander son intervention
auprès d'elle etc ... Je vais tâcher, aujourd'hui, de
répondre aux questions que vous me faites sur la famille *Desgrolles* dont je connais particulièrement une
vieille tante. J'ai su par elle que trois jeunes neveux
étaient restés confiés à ses soins, au départ d'un
frère chéri, absent pour des affaires majeures, et qu'elle
remplissait auprès d'eux les devoirs sacrés d'une
amitié sans bornes pour leur digne père. Occupée sans
relâche de donner une bonne éducation à ses pupilles,
cette excellente tante leur a procuré tous les maîtres
de la ville qu'ils habitent. Un homme honnête qu'elle
loge chez elle (l'abbé Montillet) leur montre le latin,
la géographie, etc. Voilà l'ordre dans lequel se
prennent les leçons. A sept heures, on se lève et l'on
apprend par cœur les devoirs donnés la veille : on les
récite, puis on déjeûne. Cela conduit jusqu'à neuf
heures. On se réunit alors tous ensemble dans un
petit oratoire, au haut de la maison, pour prier : ceci
dure une demi-heure. (La messe dite par le précepteur.
Les enfants répondent tour à tour aux demandes,
prières,) mais n'y assistent régulièrement qu'une fois
la semaine (le dimanche). Avant dix heures, les deux
plus grands font, jusqu'à onze heures, un thème ou
une version. Quand ils ont fini, ils descendent s'a-
muser à soigner des oiseaux, des pigeons, et se divertissent dans une grande cour où ils font souvent

beaucoup de bruit et de tapage. Ils dînent à midi et demi. La table, comme vous devez le penser, est des plus frugales, et pourtant elle leur fournit de quoi contenter leur goût particulier qui diffère assez, bien qu'ils aient été élevés de la même manière. Ils mangent de bon appétit, excepté le plus jeune d'entre eux, qui est cependant en bonne santé. Après le dîner, récréation jusqu'à deux heures. L'aîné de ces enfants va, à cette heure-là, chez un habile mathématicien, lequel, demeurant vis-à-vis la maison, lui donne des leçons presque pour rien, tandis que le cadet prend également de son maître de musique (M. Lavialle) une leçon d'environ une heure. A trois heures on se remet au travail du latin jusque vers les cinq heures que l'on vient demander à goûter, repas fait en gambadant. Depuis six heures jusqu'à huit, quand la vieille tante n'a pas de monde, elle fait lire ses neveux dans l'histoire ancienne de M. Rollin. Chacun lit à son tour et les autres écoutent. Si les enfants trouvent quelque chose qu'ils ne comprennent pas, on tâche de le leur expliquer de son mieux : et pour cet effet, Mlle *Desgrolles* a recours à des personnes plus habiles qu'elle. Vous saurez que cette bonne fille n'a pas reçu de ses parents une instruction très savante, parce que de son temps on ne s'occupait pas de la donner telle aux femmes. Depuis quelques jours, on a donné au plus grand des enfants un maître de dessin qui vient tous les deux jours à onze heures le matin.

« Les trois frères ne sortent jamais seuls ; ils n'ont de camarades que les enfants des connaissances de leur tante. Mais ceux-ci viennent rarement et ils se divertissent sous les yeux de *M*^{lle} *Desgrolles*. Ces enfants sont le petit *Bailli*. et de jeunes demoiselles qui sont en pension chez l'honnête *M*^{me} *Dumanoir*. Quand cette réunion a lieu, on joue soit au loto, soit à des jeux fort innocents, je vous assure. Quand il fait beau. la bonne tante mène ses neveux à la promenade. C'est le dimanche ou les jours de fête seulement que l'on sort. Enfin, pour finir la journée, on se met au lit à neuf heures et demie, après avoir bien soupé et bien causé, car les enfants aiment à questionner et à savoir le pourquoi de toutes choses. »

Vous voyez, mes chers Enfants. que la journée des trois écoliers était bien remplie, grâce au constant dévouement de leur mère et de leur tante ; vie calme et régulière qui n'a pas été sans influence sur leur caractère, en leur inspirant dès les premières années, l'amour de l'ordre, de l'obéissance et du travail.

Il est difficile de donner un extrait de cette intéressante correspondance sans dépasser les bornes d'une simple notice biographique, car on ne saurait faire un choix parmi tant de faits également précieux à conserver : je n'y ai donc relevé que les passages relatifs à mon père dont le caractère doux et ferme commençait à se dessiner. Sa mère et sa tante citent mille petits détails qui prouvent la bonté de son cœur et de sa franchise naturelle, qualités mêlées cependant de quelques défauts tels qu'une brusquerie trop vive dans les contrariétés, indice cependant d'un esprit résolu. Sa répulsion pour les études abstraites et la vie sédentaire de la campagne était atténuée par son désir de remplir sa tâche et d'obéir à son devoir. Le jeune enfant avait déjà dans l'âme le noble germe des vertus guerrières.

Il n'entre pas non plus dans mon plan, mes chers amis, de détailler les péripéties de toutes les démarches que mon grand-père dût tenter pour rentrer en France sous le Consulat, obtenir sa radiation de la liste des Emigrés et la levée du séquestre de ses biens, du moins des quelques débris de la fortune dont il avait été dépouillé.

Le récit se prolongerait outre mesure. Si Dieu me prête encore plusieurs années de vie et de santé, peut-être essaierai-je de réunir tous ces pieux souvenirs que j'ai recueillis moi-même de la bouche de mes grands-parents et à l'aide de notes éparses dans diverses correspondances (1).

Mon grand-père partit de la ville d'Hambourg avant d'avoir reçu l'autorisation officielle de rentrer en France, certain cependant que ses amis de Paris et ceux de la famille de Noailles unissaient leurs

(1) J'avais commencé à publier quelques épisodes de la vie errante de mon grand-père durant ses dix années d'exil, dans la *Revue de Bretagne, de Vendée et d'Anjou*, qui a cessé de paraître à la fin de 1901. V. t. **XXIV**. pages 53, 121, 221 et 255.

efforts pour arriver à ce but M. et Mme de Tessé,
Mme de Montagu, et presque toute la colonie de
Wittmold et d'Altona l'avaient déjà précédé.

Parmi les personnes qui s'entremettaient avec le
plus de dévouement en faveur des émigrés, je dois
rappeler l'ami d'enfance de mon grand-père, et son
parent, le chevalier de Piis. Ancien secrétaire interprète de M. le comte d'Artois, il avait acquis une certaine notoriété comme écrivain et vaudevilliste en
vogue. Ce talent l'avait mis en relations avec les
hommes du jour, partisans du nouveau gouvernement. Il l'avait lui-même adopté et en avait obtenu
un poste important, celui de secrétaire général au ministère de la police. Il se trouvait ainsi lié avec tout
ce que la capitale comptait d'hommes politiques, artistes, gens à la mode, etc, ayant chacun plus ou
moins une assez grande influence sur l'esprit public.
M. de Piis mit généreusement la sienne au service de
mon grand-père qui fut heureux, à son tour, d'en
faire profiter ses anciens compagnons d'exil. De ce
nombre furent ceux avec lesquels il passa cinq années
à Hambourg. Mmes de Tessé et de Montagu, dans
leur correspondance avec mon grand-père, parlent
souvent des bons offices du « si dévoué *Germeuil* » :
c'était le pseudonyme employé pour désigner cet obligeant chevalier de Piis (1 .

(1 Antoine-Pierre-Augustin de Piis, né en 1755, mort en
1832, d'une ancienne famille issue de l'illustre maison de Pins
de Pinibus, est l'auteur d'un grand nombre d'ouvrages de

Ma grand'mère voulut aller à Paris au devant de son mari ; elle s'y rendit accompagnée de son fils aîné Josias, mais en s'arrêtant d'abord à Orléans chez ses amis, l'abbé et Mlles de Luchet. Celles-ci y avaient établi depuis quelque temps un pensionnat de jeunes personnes lequel n'avait pas tardé à prospérer. Ce fut pour cette famille une grande ressource pour échapper à la misère commune à tous les parents d'émigrés. Les jeunes filles les plus distinguées de la ville et même des provinces voisines, étaient élevées par ces saintes femmes, sorte de couvent dont l'ancien grand vicaire de Mgr de la Rochefoucauld Bayers se trouvait encore, comme à Wittmold, le vénérable aumônier.

De son côté, mon grand-père s'était hâté de rejoindre sa femme et son fils pendant leur séjour à Or-

pièces de théâtre, poésies, etc. : il fonda le théâtre du Vaudeville, en collaboration avec Barré. Un de ses premiers ouvrages intitulé : Chansons nouvelles, dédiées à Mgr le comte d'Artois, avec musique gravée et vignettes de Choffard et de Barbier, parut en 1785 chez Th. D. Pierres. Ce recueil de vers était enrichi du joli portrait de l'auteur, gravé par Gaucher, d'après J. François, l'un des peintres de la Reine. Ce petit volume, excessivement rare et recherché, a, dans les ventes de bibliothèques, atteint le prix de 500 francs, et même 675 francs à la vente Perran. Le peintre François était très lié avec le chevalier de Piis : ce fut par l'intermédiaire de ce dernier que mon grand-père obtint de l'éminent artiste, très peu prodigue de son talent, la faveur d'être peint par lui, ainsi que ma tante, la comtesse Sophie, pendant le séjour qu'il fit à Paris en 1782, lorsqu'il se rendait à Metz pour y conduire sa sœur, récemment nommée chanoinesse du chapitre royal de Saint-Louis. Les originaux de ces deux beaux portraits faisaient partie de la galerie de mon cousin germain, le général de division marquis de Bremond d'Ars, sénateur de la Charente. Ils appar-

léans, et ils retournèrent ensemble à Paris, où ils retrouvèrent également plusieurs de leurs parents, comme Mmes de Verdelin. Le Veneur de Tillières, de Courbon, d'Hédouville, etc., et passèrent avec eux ces quelques jours de liberté provisoire, et en profitèrent pour achever les dernières formalités de la radiation.

Dans les mémoires de cette époque — comme dans l'ouvrage souvent cité, *La Vie de Mme de Montagu* — nous voyons quelle fut la joie immense de ces familles d'émigrés, revenus enfin au foyer domestique, souvent, hélas! bien désert et où l'on ne retrouvait plus les êtres chéris que l'on y avait laissés pleins de vie, et que les terroristes avaient fait périr sans pitié. En lisant ces pages émues, nous nous associons aux sentiments douloureux de ces pauvres exilés.

tiennent aujourd'hui à son fils René de Bremond d'Ars, lieutenant-colonel de cavalerie.

Quant au surnom de *Germeuil* donné à M. de Piis, il venait de ce que dans les comédies de salon, fort en vogue dans l'ancienne société, le chevalier de Piis s'était fait remarquer dans le rôle de ce personnage du Père de Famille, le célèbre drame de Diderot. Une liste de quelques rôles remplis par les acteurs amateurs dressée par mon grand-père, et que j'ai trouvée par hasard, m'a donné la clef des diverses appellations employées dans sa correspondance pendant l'émigration. Il est aussi nommé *M. d'Etieulette*, de la Gageure imprévue de Sedaine; sa sœur est alternativement appelée *Mme Gorgibus*, ou bien d'un nom de roman, *Ismène* et *Araminthe:* Mme Gillis, sa belle-sœur, désignée sous celui de *Cathau*, des *Précieuses ridicules*, ou bien de *Mme Grognac*, du *Distrait*, de Regnard. Malheureusement, cette liste ne comprend pas tout le répertoire des pièces jouées par la société de Saintes avant la Révolution. C'est pourquoi, beaucoup de surnoms sont restés pour moi inexplicables.

échappés par miracle au plus épouvantable naufrage.
se reprenant néanmoins, malgré les plus cruels revers.
aux choses de la vie présente.

L'esprit vif et léger des Français est tellement do-
minant que les plus grands malheurs, les plus terribles catastrophes ne parviennent jamais à l'étouffer :
c'est le point vital de cette énergie, de cette résistance indomptable qui se révèle subitement au jour
du danger, pour faire place ensuite, une fois le péril
évité ou conjuré, à la quiétude, à l'espérance même
qui atténuent pour ainsi dire les plus vifs et les plus
justes regrets. Il semble que l'on a hâte d'oublier
tout souvenir, toute obsession pénible qui viendraient
assombrir les joies et les satisfactions de l'heure
présente et détruire les illusions de l'avenir.

Ce courant d'idées explique cet entraînement au
sortir de la Révolution, pour les fêtes et les plaisirs,
quand la paix fut à peu près rétablie. Paris en donna
le signal que suivit aussitôt la province. Ce ne fut
dans les villes et partout que spectacles, bals, soirées,
et réunions de tout genre. J'en ai entendu faire le
récit par mes parents, témoins de ce retour à l'existence animée d'autrefois.

Mais il y eut bien des familles, comme la nôtre,
qui ne partagèrent pas ce nouvel enthousiasme et
cette même confiance. Le bonheur de la vie intime et
retirée suffisait à nos parents pour leur faire supporter avec courage et résignation chrétienne, les ca-
lamités qu'ils avaient éprouvées durant dix années,

et dont ils ne prévoyaient pas la fin très prochaine comme tant d'autres se berçaient par une confiance trop aveugle.

Mais revenons à Paris où mon oncle Josias, alors âgé de quinze ans, assistait émerveillé, aux fêtes publiques dont la population était alors si avide. Dans une lettre écrite à sa tante, le 27 septembre 1800, — il y a près de cent deux ans — il rend compte des fêtes célébrées pendant les jours complémentaires. La translation du corps de Turenne « que l'on apporta, dit-il, de la rue des Petits-Augustins au Temple de Mars, c'est-à-dire à l'Hôtel des Invalides, où il fut mis dans un magnifique tombeau. Le ministre de la guerre, Carnot, prononça un discours à cette cérémonie ; le lendemain matin, le général et premier consul Bonaparte posa le première pierre d'un monument élevé aux généraux Kléber et Desaix. A cette occasion, le ministre de l'intérieur, Lucien Bonaparte, y prononça également un discours. De là, nous fûmes aux Invalides où il y eut un très beau concert auquel assista le premier consul. Nous allâmes ensuite au Champ de Mars où il y eut des tirs au pistolet, à pied et à cheval, des courses de chars bien amusantes. de très jolies courses de chevaux.

« Enfin, ma chère tante, ce qui m'a fait grand plaisir, ce fut un spectacle très nouveau pour moi : un ballon s'éleva dans les airs, emportant un homme qui en descendit au moyen d'un parachute, etc... »

Voilà qui dût plaire aux Parisiens, et, je le pense, intéressa Théophile et Jules, encore trop jeunes pour voyager, restés à Saintes auprès de leurs tantes et de leur vieille grand'mère.

.·.

Revenu dans sa famille, mon grand-père remplaça le précepteur de ses enfants, l'abbé Montillet, nommé curé de Courcoury, en se consacrant entièrement à leur éducation. Ses soins éclairés et son expérience contribuèrent aux rapides progrès qu'ils firent dans leurs études. Josias, l'aîné, avait, paraît-il, la plus grande facilité pour apprendre, tandis que son frère Théophile, d'une intelligence moins vive, y suppléait par une rare tenacité à faire tous ses efforts pour surmonter les difficultés qu'il éprouvait. Il n'en était pas de même pour les arts d'agrément. Si Josias et Jules avaient de grandes dispositions pour le dessin, Théophile n'en avait pas de moins heureuses pour la musique. Sa tante l'avait remarqué depuis plusieurs années ; et il avait à peine dix ans, lorsque, le 17 janvier 1797, elle écrivait à son frère : « Théophile est un gros brun, un peu brusque et un peu boudeur, mais il rachète ce défaut par un excellent cœur et beaucoup plus d'application que son aîné : il aura, je crois, un caractère très décidé et il a des idées très justes. Il possède la plus jolie voix qu'un enfant puisse avoir à son âge : et il sait déjà plus de musique que

je n'en ai jamais su, bien que je l'aie apprise cinq
ans. Rien de plus étonnant que de l'entendre chanter
presqu'à livre ouvert des leçons de solfège dont la
moins difficile exigerait de ma part une heure d'étude
avant de la savoir. Il est vrai que le petit bonhomme
apporte à cet art une attention que rien ne peut dis-
traire. Son parrain, témoin l'autre jour de sa leçon,
en était tout surpris. »

Cet art si cher à mon père fut pour lui un grand
agrément, et de plus une sorte de consolation : nous le
verrons s'y livrer avec la plus vive satisfaction, même
au milieu des guerres, et dès que la rude vie des camps
lui laissait quelques moments de repos.

Dans ses Mémoires, mon grand-père dit qu'ils
avaient eu dans leur enfance, lui et ses frères, une
gouvernante, nommée Mlle de Brantes, personne
d'une dévotion outrée ; et qu'elle les avait tellement
exaltés eux-mêmes par les récits des Pères du désert,
qu'ils voulaient embrasser la vie des cénobites, et ne
rêvaient que cérémonies religieuses et pèlerinages
aux pays lointains. Mon père et mes oncles, bien
qu'ayant pour précepteur un prêtre, l'abbé Montillet,
originaire de Toulouse, ne songeaient point à se faire
moines, mais plutôt soldats. Le récit émouvant de
ces guerres incessantes qui agitaient le monde entier,
leur inspiraient des idées moins paisibles, et mon père
n'y était pas le moins attentif et le moins intéressé.
Déjà, lisons-nous dans les lettres de sa mère et de sa

tante, son penchant pour la carrière militaire se manifestait en toute occasion. Il m'a souvent dit sa joie
lorsqu'il pouvait interroger les officiers qu'à l'occasion
du passage continuel des troupes dans la ville de
Saintes, on était obligé de loger à la maison. On les
mettait habituellement dans une chambre située au
troisième étage et qui servait parfois de salle d'études.
Les boiseries de cet appartement portaient les noms de
ces hôtes passagers, et aussi des sentences et réflexions
qui donnaient la note des idées courantes. Des vers
sur la mort du général Desaix, après la bataille de
Marengo, avaient frappé mon père qui n'avait pas eu de
peine à les retenir par cœur. Ils étaient admirablement
calligraphiés sur la porte où l'on ne voulut jamais les
effacer. Moi-même, mes chers Enfants, je les avais re-
tenus comme mon père, et j'ai regretté qu'un peintre
peu curieux, les ait, il y a peu d'années, malgré mes
recommandations, complètement fait disparaître sous
plusieurs couches de vernis. J'ignore si ces vers inspirés par la mort du héros de Marengo furent impro-
visés ou extraits de quelque publication du temps : en
tout cas, en qualité d'archéologue et aussi en souvenir de l'enfance de mon père, je tenais à les conserver
comme les antiquaires qui ne dédaignent pas de relever les moindres graffiti tracés sur les antiques monuments.

Je vous avoue, mes chers Enfants, qu'en les trans-
crivant ici, j'éprouve le plaisir de me reporter en pensée dans cette même salle d'études où je les avais si

souvent lus, comme mon père, tout en repassant mes
leçons d'histoire grecque et romaine.

> Un seul trépas flétrit la plus belle victoire
> Et mêle à notre joie une juste douleur :
> Magnanime Desaix. tu doutas de ta gloire !
> Oh ! tant que les hauts faits, la vertu, la valeur,
> Dans l'univers, obtiendront quelque honneur.
> Oui, tu vivras au Temple de Mémoire.

« *Landau, Hambourg, Kehl, Metz, Chebreiss, Emba-
beh, Les Pyramides, Ledinam. Sement... Kené, Thèbes.
Anach...,* furent témoins de sa gloire et de son courage. Ses ennemis l'appelèrent le *Juste* : ses soldats,
comme ceux de Bayard, *Sans peur et sans reproches*. Il
vécut, il mourut pour la Patrie ! » Au bas de ces lignes
étaient les noms suivants : *Lucien Thenaud, Valère Le
Clerc* et *Narphe*. Ce dernier semble être un anagramme.
les deux premiers paraissent de Saintonge. Quel est
celui du compositeur ? Est-ce quelque sergent lettré ?
Peu importe : ces vers exaltaient un héros guerrier,
et je comprends le jeune enfant sensible à cet éloge de
la gloire militaire.

Le goût de l'état militaire semblait en effet inné
chez mon père ; il est probable qu'il fut développé
par tous nos souvenirs de famille, souvent rappelés
autour de lui, et par les lectures de la première enfance faites dans des ouvrages sérieux. Les livres
étaient rares et l'on n'en composait pas, comme aujourd'hui, tout spécialement pour les enfants. Mon

grand-père raconte dans ses mémoires que sa mère lui apprit à lire dans la vie du Prince Eugène ; mais cette histoire était tellement peu intéressante et au-dessus de sa portée, ajoute-t-il, que ce livre lui devint odieux toute sa vie.

Mon père n'eut donc jamais — comme moi d'ailleurs, mes chers Enfants — ces charmants albums, ces beaux livres illustrés avec leurs jolies gravures et lithographies enluminées, tous ces contes et récits amusants qui captivent les jeunes imaginations. Je me souviens que j'étais fort heureux quand mon grand-père me permettait de feuilleter l'histoire de la Milice Française du Père Daniel où mon père avait sans doute admiré ces vieilles gravures en taille-douce représentant les armes et tous les engins et machines de guerre connus depuis les Romains jusqu'à Louis XV, et aussi le plan des sièges et des batailles les plus célèbres (1).

(1) Ce livre avait un double attrait pour nous, car l'auteur cite comme exemple de la fidélité absolue au drapeau, la mort du jeune baron du Chastellier, à peine âgé de seize ans, fils aîné de Charles de Bremond, baron d'Ars, qui, au siège de Taillebourg en 1589, portant l'enseigne du régiment de Frédéric de Beaumont, son beau-frère, lieutenant du maréchal de Matignon dans l'armée catholique et royale, tomba percé de coups enveloppé dans son étendard qu'il refusait de rendre aux huguenots, « lequel, ajoute l'historien, fut son linceul et son tombeau ».

Cet exemple de dévouement était, soixante-trois ans plus tard, suivi par l'un de ses petits-neveux, Josias de Bremond, marquis d'Ars, tué au combat de Montanceix, en Périgord, sous la Fronde ; tandis que Pierre de Bremond, marquis de Migré,

J'ai toujours pensé que ces premières lectures dans des livres d'histoires consacrées principalement à nos grands hommes de guerre, n'avait pas peu contribué à faire naître parmi les jeunes gentilshommes et tous les Français, cet amour profond pour la gloire nationale. Un jour que mon père, plus entêté que jamais dans son désir de s'engager dans un régiment, l'avait sans doute manifesté un peu trop vivement, mon grand-père ne put que lui pardonner cette résistance à ses volontés, et lui faisait même cadeau d'un livre de sa bibliothèque, mais avec cette dédicace en latin : *Theophilo Bermondo, tenaci filio, P. Bermondus Ars, pater indugentissimus, dabat 1802.*

C'était l'histoire de Bayard le chevalier sans peur ni reproche.

J'ai hérité de cet humble, mais précieux volume, mes chers Enfants, et je vous prie de le conserver en souvenir de votre aïeul.

L'usage de manuels encyclopédiques résumant les diverses matières de l'enseignement classique, n'est pas une innovation moderne. Parmi les livres d'études

son frère puiné, blessé mortellement au même combat, et fait prisonnier par le colonel Balthazar, succombait à ses blessures peu de temps après.

Un des oncles de ceux-ci, François de Bremond, appelé également le baron du Chastellier, avait été tué en 1620, au siège de Saint-Jean-d'Angély, encore à peine sorti de l'adolescence ; et leur père, Jean-Louis de Bremond d'Ars, succombait en 1652 aux blessures qu'il avait reçues en défendant la ville de Cognac contre le prince de Condé. — (V. *P. Daniel, Montgeon, Baltazar*, etc.)

de mon père, si bien conservés, j'en trouve un imprimé en 1706, intitulé : *La science des personnes de la Cour, de l'épée et de la robe : instructions sur la religion, l'astronomie, la géographie, l'histoire, les sciences, la guerre, les fortifications, etc.,* par le s' de Chevigny, gouverneur de M. le marquis de Janson. Dans l'approbation, on déclare que cet ouvrage formant plusieurs volumes, « contient tant de belles et utiles instructions en peu de mots, qu'il est très digne d'être imprimé ».

Les maximes en sont, en effet, très sages, et je note, entre autres, celle-ci à propos des courtisans : « un homme de bien, à la cour, doit plutôt perdre son emploi que de s'exposer à se damner en suivant les mauvais exemples. » On n'est pas aujourd'hui aussi scrupuleux. C'était donc ce livre qui jadis tenait la place de notre fameux manuel du baccalauréat, moins arriéré, dira-t-on, mais tout aussi bon pour enseigner la science et la vertu à de jeunes écoliers. Ce vénérable livre avait servi à mon bisaïeul, à mon grand-père, à mon père et à ses frères dont il porte les « ex-libris » successifs, de même qu'un vieil Erasme de 1685, et un Selectæ de 1736. Les fables de Phèdre passèrent ensuite des mains de mon père à celles de son neveu, qui a soin d'ajouter à la signature de son oncle : *et nunc ad usum Willelmi Bermondi, 1820.* C'est mon cousin germain, le général Guillaume de Bremond d'Ars, mort sénateur de la Charente en 1894. Voilà, mes chers Enfants, avec la *Vie de Turenne,* par M. du Buisson, capitaine au régiment de Verdelin, quel était le fond

de la bibliothèque de votre grand-père pour ses premières études : et vous verrez qu'il ne les fit pas moins
bonnes que vous, bien que n'ayant pas à sa disposi-
tion toutes ces nouvelles éditions des vieux auteurs.
surchargées presqu'entièrement de notes et commentaires qui épargnent le moindre effort aux jeunes tra-
ducteurs de grec et de latin.

.

L'époque de la première communion était venue,
et ma grand'mère y avait préparé ses deux fils aînés
avec tout son dévouement et son zèle pour la religion
qui commençait à renaître dans toute la France. Ils
étaient d'âge à remplir ce grand acte avec réflexion.
car on attendait que l'esprit des jeunes gens ait acquis
plus de maturité, pour qu'ils puissent le mieux comprendre. On a sans doute eu de bonnes raisons pour
ne pas autant les retarder dans la participation à ce
divin sacrement : ce n'est pas à moi de juger les motifs
de ce changement. D'après leur éducation et le pro-
gramme que nous en trouvons tracé dans les lettres
de ma grand'mère et de ma tante, nous voyons que
l'étude du catéchisme avait tenu une grande place
parmi les leçons de chaque jour : leur instruction
chrétienne devait être complète. Leurs parents avaient
probablement écrit à leur amie, Mme de Montagu,
pour lui faire le récit de ce grand jour, si marquant
dans la vie. Elle répondait à ma grand'mère la lettre

suivante, datée de chez Mme de Grammont, sa sœur, près d'Autun, le 7 mai 1803. (1) Josias avait déjà fait sa première communion : c'était au tour de son frère Théophile, alors âgé de quinze ans.

« La lettre que vous m'avez écrite le 10 avril, chère et aimable amie, est arrivée au milieu de mille tracas : mais je ne m'en suis pas moins transportée, alors et depuis, avec un vif et tendre intérêt au milieu de vous. L'époque de ces premières communions m'a renouvelé dans mon désir de prier pour vous et les vôtres et cette union de pensées, de sentiments et d'actions est réellement ce que je connais de plus doux. Elle sait surmonter toutes les difficultés. Je l'éprouve aussi pour mes amis Stolberg, bien fervents, bien fidèles, bien heureux, et dont les enfants sont admis, comme les vôtres, à la Table Sainte. Je m'identifie à tout ce que vous éprouvez de craintes et de joie. A l'église, et même en route, sur le grand chemin où je vis plus qu'à Paris, vous et les vôtres vous m'occupez en tous sens, ma chère amie. Rendez-le moi pour cette crise prochaine de mes couches : je l'attends sans frayeur : c'est dans quinze jours, je me porte mieux, je suis lourde, énorme, mais pas moins en état de voyager, vraie grâce d'état, et unique bonne de nos enfants. Leur père vous offre ses hommages, et désire être rappelé à votre époux auquel je donne mille détails sur nous.

(1) Angélique-Françoise-Rosalie de Noailles, mariée à Théodule, marquis de Grammont.

Mes tendres compliments à la chère Sophie. Continuez à nous écrire, je vous en prie, et à Paris, rue d'Anjou, d'où l'on nous renvoie les lettres ; on aura soin de celles d'Hambourg. Tout a été prévu: le portrait est arrivé, j'espère. Parlez de nous au cher Josias. »

De jour en jour, la vocation du jeune Théophile pour l'état militaire se manifestait d'une manière plus prononcée, malgré les intentions de ses parents, justement effrayés des dangers d'une carrière que leur enfant n'était pas en âge d'affronter, surtout comme simple soldat. Ils cédèrent néanmoins devant une telle persistance, et s'occupèrent avec leurs amis de choisir un régiment commandé par un colonel et des officiers bien disposés pour le jeune volontaire qui n'avait pas encore atteint sa seizième année.

Mon grand-père, dans cette circonstance si grave, eut recours à ses anciens et fidèles amis de Wittmold. Mmes de Tessé et de Montagu et M. Georges de la Fayette conseillèrent de donner la préférence au 3e régiment de cuirassiers, en garnison à Saint-Germain-en-Laye, et commandé par le colonel de Préval. Ce fut l'objet d'une longue correspondance dont voici quelques extraits qui ne sont pas dépourvus d'intérêt, puisqu'ils rappellent le souvenir de la pieuse et si dévouée marquise de Montagu.

Le 20 novembre 1803, elle écrivait d'Aulnay, près de Paris, où elle était chez sa tante de Tessé. la lettre suivante à mon grand-père.

« Je réponds avec autant d'intérêt que d'empressement. Monsieur. à votre lettre du 7 qui m'est parve-
nue le 20 seulement par la voie du bon abbé de Luchet, qui partage, en vrai patriarche, vos sollicitudes :
moi, je les partage en mère. et mon mari en fait aussi
l'objet de ses petites réflexions. Il trouve que vous
faites au mieux. et que l'on ne peut contrecarrer une
vocation aussi prononcée. Vous aviez bien raison dans
l'expédient que vous vouliez trouver : mais, sous
quelques rapports. vous êtes dans une erreur bien naturelle sur Victor de Maubourg. colonel du 11e chasseurs, maintenant, d'ailleurs. en garnison à Niort (1).
Il est galant homme, mais militaire jusqu'à l'excès :
et, plus il s'intéresse à quelqu'un, et plus il est raide
et exigeant pour les jeunes gens qu'on lui confie. Nous
en avons eu la preuve cet été pour mon neveu Alfred,
qu'il a mis sur les dents, voulant qu'il fût, sans relâche. le premier à tout. Je crois donc qu'il vaudrait
mieux chercher un autre chef plus tolérant. plus in-
dulgent. Cela est difficile, je m'en informerai. J'avoue,
jusqu'ici, n'en connaître aucun . pour l'obligeance ,
mieux que le susdit Victor. Vous n'ignorez pas que
dans ce régiment. comme dans tout autre, il faut commencer par être soldat. Mon neveu de Lasteyrie en
est un exemple. Le voilà engagé dragon dans un ré-

____

(1) Victor de Fay. marquis de Latour Maubourg, aide de
camp de Kléber en Egypte. fait général à Austerlitz, puis
lieutenant-général, pair de France, ambassadeur et ministre
de la guerre sous la Restauration, mort en 1850.

giment qui est à Versailles : il n'a pas voulu, connaissant Victor et son caractère, être dans son régiment. C'est un sujet parfait : oh ! qu'un tel camarade ferait votre repos pour un jeune débutant. Tout le monde s'accorde à dire qu'un jeune homme bien élevé et qu a du goût pour le service parvient en trois mois à être maréchal des logis : une fois ce grade atteint, il est dispensé de coucher avec un camarade et de panser son cheval, deux obligations qui me paraissent bien pénibles.

Vous ne le sentez que trop, combien le choix et le caractère du chef sont importants ; il dépend de lui de vous avancer pour le grade de maréchal des logis : on attend là quelquefois longtemps, mais tranquillement, le grade d'officier.

Je m'en vais consulter sur cela mon excellent neveu Georges de la Fayette, qui a bien la rage du militaire.

Disposez de nous, écrivez-nous vos intentions : mais évitez de renouveler votre profession de foi : vous savez que je la connais, et de quel cœur je partage vos anxiétés et celles de vos chères compagnes que je salue tendrement.

Nous avons fait très bon voyage, et nous nous portons tous bien, excepté ma tante qui a mal aux yeux et prolonge son séjour à la campagne. Elle vous fait mille compliments, ainsi que le cercle de Wittmold Père Boutelaud spécialement (1). Auguste de Castel-

(1) M. Boutelaud, que l'on appelait familièrement le Père Boutelaud, était l'un des amis et compatriotes de mon grand-

pers est heureux dans son ménage en Languedoc et est père d'un garçon. Adieu, chers amis. »

Cette lettre fut bientôt suivie d'une autre plus détaillée.

Paris, place Beauvau, n° 62, Faubourg Saint-Honoré.

30 décembre 1803.

« Toujours occupée de vous, chers amis et excellents parents, rêvant très souvent à ce que vous m'avez dit dans votre lettre du 7 novembre, à laquelle j'ai répondu par Orléans le 20, je me sens pressée de m'entretenir avec vous, de vous transmettre ce que j'ai su de diverses parts, quoique monsieur votre frère, avec qui j'ai eu le très grand plaisir de faire connaissance à son passage ici, m'ait dit que vous étiez encore loin de l'époque cruelle où il faudra vous séparer de ce jeune militaire. Permettez que je consigne toujours dans votre mémoire ce que je sais sur divers colonels.

Mon neveu Georges de la Fayette dit : « je connais plusieurs assez bons chefs, mais il y a dans leurs régiments l'inconvénient qui naît de l'affluence des jeunes gens bien nés, lesquels se nuisent naturelle-

---

père qui l'avait également recommandé à M et Mme de Tessé, qui le prirent aussi en amitié, et l'avaient gardé avec eux comme l'abbé de Luchet. Il avait été maire de Cognac. La colonie de Wittmold l'avait en grande estime à cause de son extrême bonté, son dévouement et surtout ses sages et prudents conseils. Il entretint une active correspondance avec mon grand-père. V. *Vie de Mme de Montagu.*

ment pour l'avancement. M. Colbert, du 10e chasseurs.
a un régiment absolument dans ce cas, que l'on appelle de faveur : du reste, il est très bon. » Il y a un colonel que l'on dit encore excellent, c'est M. Fiteau. du 3me de dragons. Notre jeune Louis de Lasteyrie y est engagé : ce serait, par exemple, un camarade précieux à avoir ; mais ce M Fiteau aurait besoin d'être stimulé pour faire avancer rapidement.

En tous lieux et pour toutes choses comptez bien sur nos soins et nos efforts. Un autre colonel, dont le régiment est à présent à Saint-Germain-en-Laye, et dont j'entends dire de tous côtés un bien prodigieux, c'est M. de Préval, chef du 3me de cuirassiers ; il paraît le meilleur de tous, car il est impossible d'être plus doux, plus ferme, plus honnête et meilleur militaire : capable d'accueillir d'une manière satisfaisante un jeune homme bien né — il l'est aussi — mais stricte à l'ordonnance, son régiment est sage et tenu comme une pension, je ne saurais vous en dire davantage (1).

« Ma santé et celle de mes enfants va bien : mais mon neveu de Noailles qui vient d'être réformé pour une maladie de foie que lui a occasionnée, ce mois-ci,

---

1) Claude-Antoine-Hippolyte. baron, puis vicomte de Préval. né à Salins en 1776, colonel du 3e cuirassiers en 1801, se distingua à Austerlitz: général de brigade en 1806, lieutenant-général en 1814, pair de France en 1837. sénateur en 1852, chevalier de Saint-Louis et grand'croix de la légion d'honneur, mort en 1853: écrivain militaire renommé autant qu'habile organisateur de nos armées.

une fièvre inflammatoire après sa fièvre maligne, nous a causé de vives inquiétudes, ma tante est revenue à Paris et a son vilain rhume d'hiver.

Je ne puis tenir, connaissant votre sensibilité et votre vénération pour Mlle de Tortonval, à vous copier ici la lettre que je viens de recevoir de son malheureux père, logé dans un village près Avallon où sa fille était réfugiée sœur de la charité.

« Malgré mon goût pour rester en Allemagne, j'ai dû, sur une lettre de ma fille, me mettre en route pour, l'aller rejoindre : elle ne pouvait rester seule. Je partis dans les trois jours, malgré les mauvaises voitures et la mauvaise saison. Je suis arrivé à Marigny-l'E-glise où des âmes charitables m'ont arrêté, malgré moi. Hélas ! Madame, vous prévoyez l'événement, ma Charlotte n'existait plus !... C'est à votre âme sensible que j'en appelle sur ma position, d'après deux cœurs qui n'en faisaient qu'un. Le lendemain, je me suis rendu à son tombeau et y ai entendu la messe. Mon âme est bien soumise, mais la nature ne s'étouffe point... J'habite sa grotte, je couche sur son grabat d'après son intention. Jugez de l'état de mon cœur : la solitude dont j'ai besoin, tous les paysans qui mêlent leurs larmes aux miennes, me fixent ici jusqu'à la fin du printemps, demandant à Dieu de m'éclairer sur mes devoirs pour les remplir. La position de ma famille — car la mienne ne peut m'effrayer, — me détermine à vous demander votre avis : j'ai eu un brevet de pension de 5200 #, pouvez-vous en tirer quelque parti ? Je ne suis pas sur la terre ! »

« Vous ferez connaître à vos amies cette angélique et regrettable personne. Cela ne sera pas nécessaire pour leur faire verser autant de larmes que j'en viens de verser à la lecture de cette belle lettre, admirable par la profondeur des sentiments qu'elle exprime, la vérité et la simplicité de la douleur.

« Cette copie valait mieux que tout ce que j'aurais écrit, et vous prouvera que je connais de quoi vos sensibles amies sont susceptibles. Je les salue tendrement. Dites-moi donc combien nous vous devons pour la mère Chanson Poitevin : car, en ce moment, nous avons l'argent tout prêt.

« Adieu, désirant de vos nouvelles et vous souhaitant, ainsi qu'à tous les vôtres, santé, prospérité, bonheur.

« Les Stolberg en éprouvent un bien imperturbable: toujours l'exemple de toutes les vertus. »

Paris, place Beauvau, n° 62, faubourg Saint-Honoré.

31 mars 1804.

« C'est à vos deux lettres du 20 janvier et du 16 mars que j'ai jusqu'ici, tardé de répondre, cher Monsieur ; toute mon âme a été bouleversée d'une suite d'événements sur lesquels je ne veux pas m'appesantir ; et je vous demande même, pour que notre correspondance n'éprouve point d'anicroche, de faire ainsi et de vous contenter de juger mon cœur et de me laisser

deviner le vôtre. Je compatis sensiblement aux dou-
leurs filiales de Mme de Bremond, et je vous prie
de lui exprimer et répéter mes sentiments à cet
égard (1). Je dois vous offrir aussi les compliments de
mes proches, de mon oncle de Tessé et de ma tante
dont la santé, Dieu merci, n'a pas éprouvé, cet hiver,
de trop violents échecs. Le Père Boutelaud vient
d'être incommodé de la goutte, et dit qu'il ne comprend pas comment on peut écrire en ce temps-ci.

J'ai eu occasion d'éprouver l'obligeance de M. de
Piis pour des détenus qui m'intéressaient. Il a été ma
véritable ressource : arrivant à lui, toujours sous vos
auspices, cela m'a porté bonheur : encouragement,
consolation, le succès a été complet, comme l'obligeance parfaite. Je lui ai bien promis de vous en entretenir.

« J'aurais déjà fait passer à Orléans les quatre louis
que je vous dois, si je n'étais pas si paresseuse : ils
sont depuis longtemps dans mon écritoire.

« Mais, tout rabâchage cessant, je suis pressée de
répondre à ce qui tient mon cœur dans l'anxiété,
presque comme le vôtre. Vous n'imaginez pas quel
jour m'est arrivée votre lettre ? Un jour où les soldats

1) Mme de Bremond d'Ars venait de perdre sa mère, Mme de la
Taste, décédée à Saintes le 25 décembre 1803, veuve depuis le
23 août 1782, du président Jean-Jacques de la Taste, qu'elle
avait épousé le 20 février 1752. Catherine d'Angibeaud était
petite-fille de Toussaint d'Angibeaud, écuyer, seigneur du Clos
prévôt général et provincial de Saintonge, qui avait fait enregistrer ses armes par d'Hozier en 1696.

me paraissaient érigés en bourreaux (1)... ma tête
est un peu calmée : et, après avoir consulté les anciens
militaires qui m'entourent, voilà ce que j'ai à vous
répondre. C'est par mon neveu Georges de la Fayette
que, dès l'arrivée de M. Théophile au régiment, je
solliciterai son avancement et la bienveillance particulière du colonel à qui il serait inutile d'en parler
d'avance. Votre fils sera donc, sans aucun doute, reçu
et bien reçu par M. de Préval. L'exemple de mon
neveu de Lasteyrie me prouve qu'il n'y a aucun pré-
liminaire à observer, et que jamais avant d'avoir eu
et vu le jeune homme (et avant qu'il ne se soit distingué comme soldat) on ne prendra l'engagement de
l'avancer. C'est donc à l'arrivée de votre fils, je le
répète, que vos amis *mettront les fers au feu*.

« Mon neveu de Lasteyrie a eu le grade brillant de
brigadier au bout de cinq semaines de service : il
couche seul, a eu un habit propre et la permission de
garder ses chemises : voilà de grandes faveurs.

« J'attends donc encore une lettre de vous, excellent
père affligé, pour me faire faire des démarches auprès
de M. de Préval.

« Mille sensibles compliments à madame votre
sœur. Comptez à jamais sur les sentiments sincères
et profonds de vos amis de Wittmold, et je n'ai pas
la modestie de me placer au dernier rang. Les santés
de tout ce qui m'est cher sont bonnes en ce moment ».

(1) Le 24 mars, jour de l'assassinat du duc d'Enghien.

8 juin 1804.

« Vous aurez su par le bon abbé de Luchet, que
nous avons tous été heureux de voir pendant huit
jours, ce qui a retardé, cher Monsieur, la réponse aux
questions que vous me faisiez sur M. de Préval. J'ai
pris de côté et d'autres de nouvelles informations. Je
vous transmets la lettre même que m'écrit à ce sujet
notre vieil ami, l'ancien évêque de Cominges, retiré à
Saint-Germain et y jouissant d'une grande considération. Mon mari jouit, presque comme moi, de la satisfaction que vous causera l'assurance de l'intérêt du
susdit évêque, chez lequel se réunit la meilleure compagnie de Saint-Germain. Si l'arrivée de votre fils
Théophile à ce régiment était avant mon retour, rendez-le tout simplement porteur d'une lettre à l'Evêque
parlant de ce que je vous ai communiqué la sienne
qui vous a rempli de confiance, etc , etc.

« La seconde et excellente corde à notre arc est mon
neveu Georges de la Fayette qui, tout de nouveau, me
disait hier le plus grand bien, sous tous les rapports,
du colonel de Préval. Il croit que vous pouvez et ferez
bien de lui écrire ouvertement et franchement, en bon
père, lorsque vous lui enverrez votre fils, puisque tel
est le triste parti qui va avoir lieu. Le cœur m'en
manque pour vous, excellents parents !

« Voici ce que vous propose mon neveu, c'est de se
charger de le présenter, de le mener à M. de Préval,
avec tous les témoignages d'intérêt que mérite votre

fils; ensuite, de le recommander spécialement à MM. Chamorin et Sentuari, deux chefs d'escadrons de ce régiment. Georges prétend que vous connaissez ce dernier qui servait dans l'infanterie : il est gascon et aimable. Il pourra être avantageux pour le jeune débutant d'être recommandé à ces deux officiers.

« C'est donc à Georges de la Fayette qui, probablement passera tout l'été à Auteuil où il loge chez M. de Tracy, son beau-père, que vous adresserez Monsieur votre fils, muni de lettres. J'ai un sincère regret de ne pas me trouver à Paris à cette époque , mais me voilà en voyage pour cinq mois. Avant-hier, j'ai quitté la capitale où j'ai laissé mon fils en bonne pension. Nous voyageons avec nos chevaux , mon mari et Stéphanie. J'arrête chez mes sœurs quelques ours : je serai deux mois chez mon père en Suisse; puis chez mon beau-père à Lyon : enfin pour les vendanges en Auvergne.

J'espère que vous avez à Paris des amis qui pourront offrir un asile passager à votre futur militaire. Ma tante de Tessé en est à trois lieues : il y serait bien reçu. M. Boutelaud a souvent ses attaques. Ecrivez-moi bientôt et toujours à Paris d'où l'on m'envoie exactement mes lettres. Mille tendresses à vos compagnes.

Mme de Neville que nous voyons souvent, demeure rue du Bac, n° 9, presqu'en face des Missions Etrangères. »

De son côté. M. Georges de la Fayette écrivait à mon grand-père : (1)

Auteuil, ce 11 messidor.

« Vous êtes trop bon, Monsieur, de vouloir bien mettre quelque prix à la promesse que j'ai faite à Mme de Montagu de présenter monsieur votre fils à son futur colonel. Vous êtes l'ami de ma tante et ce titre seul m'aurait suffi pour vous prier de m'employer. si je puis vous être bon à quelque chose. J'ose espérer. Monsieur. ayant l'honneur d'être personnellement connu de vous. que vous voudrez bien croire que je serai trop heureux si je puis contribuer à vous tranquilliser sur le sort de monsieur votre fils.

« Le colonel Préval a eu tant de bontés pour moi pendant le peu de temps que j'ai passé avec lui, que je pourrais craindre de le juger trop favorablement, si des personnes bien plus en état que moi de distinguer et d'apprécier le mérite et les talents, n'avaient confirmé l'opinion que j'avais conçue de lui. Je vous citerai le général près de qui j'ai le bonheur de servir.

(1 Georges-Washington de la Fayette, fils du général et de Mlle Adrienne de Noailles. né en 1779. filleul du fondateur de la République des Etas-Unis : sa mère l'envoya en Amérique en 1795. auprès de son parrain. pendant la captivité de son père à Olmütz. Sous-lieutenant de hussards à Marengo, il fut successivement aide-de-camp des généraux Canclaux. Dupont et Grouchy. Retiré du service. il fut élu député sous la Restauration et les gouvernements suivants.et l'un des vice-présidents de l'Assemblée constituante en 1848. Il est mort en 1849.

M. de Canclaux, qui regarde le jeune colonel du 3me
de cuirassiers comme un des plus distingués de l'armée française. Il est impossible d'ailleurs de joindre
au talent militaire des sentiments plus élevés que
les siens. Avec lui monsieur votre fils sera fort heureux.

« Je voudrais lui assurer un avancement rapide, et
il n'est pas douteux qu'il n'y acquière bientôt des
droits : mais cela ne dépend pas toujours du chef. Ce
dont je réponds, c'est qu'il n'éprouvera pas d'injustice :
et un jeune homme qui a le goût du service, et un
caractère assez prononcé pour endosser la cuirasse à
seize ans, ne peut manquer de plaire à ses chefs, et
de faire brillamment son chemin.

« Je pars demain pour accompagner mon père aux
eaux du Mont-dore : je serai de retour le 15 thermidor.
Si dans ce temps-là vous comptez envoyer rejoindre
monsieur votre fils, je serai charmé qu'il me permette
de le présenter au colonel Préval. Il y a dans le même
corps un chef d'escadrons, autrefois capitaine dans le
corps où j'ai servi : je suis en mesure de lui recommander monsieur votre fils. Peut-être avez vous autrefois connu cet officier : il se nomme Sentuari, et
est frère de Mme de Bonneuil

« Je suis fâché d'être obligé de m'absenter dans ce
moment : mais, si par hasard, monsieur votre fils ar-
rivait à son corps avant mon retour, ce qui me paraît
difficile, j'irais le chercher à Saint-Germain.

En attendant, je ne puis m'empêcher de vous exprimer ici combien je suis touché de la confiance que vous voulez bien avoir en moi.

J'ai l'honneur, etc.

G. W. LAFAYETTE.

De son côté, le colonel de Préval écrivait à mon grand-père :

Saint-Germain, le 9 messidor an XII.

« J'aimerois, monsieur, à pouvoir justifier pleinement la confiance que voulez bien avoir en moi, mais après les soins, les moyens d'instruction et les premiers grades que j'aurai donnés à M. votre fils, il ne me restera qu'à concourir à ce qu'il soit officier. Le régiment où je sers a de nombreux sujets pour les vacances, qui sont d'autant plus rares, que tous nos remplacements nous ont donné des jeunes gens qui, à moins de guerre, ne changeront pas de position : en sorte que je ne pourrois offrir à M. votre fils que de le mettre, dans l'espace de deux ans et demi ou trois ans, à même d'être un bon officier partout où le sort le jetteroit. Cela seroit pourtant soumis à son application et à sa docilité à suivre les directions de personnes sages aux soins desquelles je le livrerois ; et enfin à son dévouement pour un noviciat, toujours bien pénible, dans un corps où l'on n'obtient de distinctions, des ménagements même, qu'à force de les mériter.

« Vous sentez, monsieur, que ce n'est qu'avec la plus grande circonspection que l'on doit autoriser des différences parmi des soldats habitués à ne plus les souffrir. Aussi, bien que je ferai tout le possible pour adoucir la situation de M. votre fils, elle sera toujours désagréable.

« Je vous conseillerois donc de ne me l'envoyer qu'autant qu'il serait inadmissible à l'Ecole de Fontainebleau. Là, il deviendra militaire sans abandonner ses études, et les augmentera de celles nécessaires pour parcourir notre carrière avec succès. Il y retrouvera les droits perdus, et en sortiroit avec l'épaulette. Ici, au contraire, il sera dans la presque nécessité d'abandonner son cours d'instruction, et ne recevra que des connaissances d'officier de régiment : il sera à tous les dangers de sa jeunesse, quelqu'attention que l'on ait de l'en garantir. Il n'aura donc que l'espoir d'uue époque aussi incertaine que reculée pour la récompense de tant de peines et de ses sacrifices.

« Cet exposé peut vous porter à adopter un autre plan : dans le cas contraire, vous disposerez de celui qui est avec les sentiments de haute considération, Monsieur, votre très humble et très-obéissant serviteur.

H. Préval.

Mon grand-père lui répondit aussitôt :

Saintes, le 26 brumaire an XIII.

« Votre noble franchise, Monsieur, loin de faire hésiter mon fils, n'a rendu que plus vif son désir d'apprendre, sous vos ordres, le métier des armes :

5

et sans une maladie longue et assez grave, depuis longtemps ses vœux seraient remplis.

« M. de Luchet, mon parent, se charge de vous présenter mon jeune soldat, et M. de Lafayette veut bien le recommander à vos bontés. Il ne me reste qu'à souhaiter de l'en savoir digne et à me tranquilliser sur le sort d'un enfant assez heureux pour trouver dans son chef le modèle des qualités qui font l'homme essentiel et digne de l'estime générale.

« J'ai l'honneur d'être, Monsieur, avec la plus haute considération, votre très humble serviteur.

« BREMOND D'ARS ».

MONSIEUR,

« Mon ami se conformera relativement aux secours pécuniaires que je peux donner à mon fils, à ce que vous aurez jugé convenable à la discipline de votre régiment. »

Cette résolution bien arrêtée, le départ fixé, Théophile de Bremond d'Ars quitta donc, le 20 novembre 1804, sa famille fort attristée, comme on peut le penser. Il emportait des lettres de recommandation pour tous les amis et connaissances de son père, et une entre autres à l'adresse de Mgr d'Osmond, ancien évêque de Comminges, retiré à Saint-Germain, qui s'était également entremis auprès du colonel de Prédal (1).

---

(1) Antoine-Eustache d'Osmond, ancien Évêque de Comminges, né à Saint-Domingue, en 1754, sacré le 1er mai 1785, avait succédé à son oncle, Charles-Antoine-Gabriel d'Osmond, démissionnaire.

En voici la copie que j'insère ici comme un modèle
de ce style plein de noble déférence en usage à cette
époque.

Saintes, le 17 novembre 1804.

« Je viens, Monseigneur, sous les auspices de
Mme de Montagu, réclamer, avec la confiance qu'elle
m'a inspirée dans votre obligeance, les effets de l'intérêt que vous lui assurez vouloir prendre au fils de
son ami. Ce titre dont je m'honore, est le seul, et
sûrement le meilleur, que j'aie à faire valoir près de
vous ; comme je serais flatté de l'idée que ma sensibilité pour vos bontés m'en donnerait un à votre
bienveillance plus particulière.

« Un enfant de dix-sept ans à peine, le fils d'un
proscrit ruiné par la Révolution et qui partage tous
les sentiments de son père, se persuade que la carrière militaire est la seule voie qui mène à la fortune
sans sortir du sentier de l'honneur, et n'est point
effrayé de la pensée de servir la République parce-
qu'il n'y voit que la Royauté.

« Tel est, Monseigneur, le jeune homme qui est
décidé à prendre une cuirasse sous les ordres d'un
chef estimable, et que j'ai l'honneur de vous faire présenter par M. l'abbé de Luchet, ancien grand-vicaire
de Saintes, mon parent et mon ami.

« Tout le bien qu'on dit de M. de Préval a décidé
notre choix : tout ce que vous voulez bien me faire

espérer de surveillance me console d'une séparation pénible au cœur d'un bon père qui voit s'éloigner de lui un bon fils pour un temps indéfini.

« Oui, Monseigneur, mes sollicitudes cessent, puisque on vous rendra compte de la conduite de mon jeune soldat ; et je n'ai plus qu'à vous témoigner combien je me félicite d'avoir à vous offrir, avec ma reconnaissance à cet égard, l'hommage des sentiments respectueux qui vous sont dûs. Daignez l'agréer, Monseigneur, et croire que personne n'est plus que moi votre très humble et très obéissant serviteur. »

Une indisposition assez grave fit ajourner le départ de Théophile de Bremond, sans pour cela changer sa résolution bien arrêtée. Il s'embarque donc dans une voiture fort incommode, et même dangereuse avec les mauvais chemins de cette époque, et dont nous ne pouvons guère nous faire une idée. C'est pourquoi les voyages s'effectuaient avec tant de lenteur. Le jeune homme n'avait jamais quitté Saintes, sa ville natale, et arrivé à Poitiers, après trois jours et demi de route, il s'empresse d'écrire à son père et de lui faire le récit détaillé du début de son odyssée, suivant l'expression de mon grand-père : récit assez plaisant qui vint fort à propos pour adoucir un peu le chagrin de cette première séparation.

« Les chemins étaient si mauvais, dit-il, qu'à chaque moment nous craignions de verser. Près d'Aunay, nous avons rencontré une voiture pleine de citoyens

et autres. Leur roue était cassée, et ils avaient passé
la nuit sur le chemin ne pouvant en sortir, tant ils
étaient embourbés, et dans cet endroit de la route, il
n'y avait aucune maison. Nous sommes donc arri-
vés à Brioux deux heures avant eux : malgré cela,
nous avons été forcés de souper avec eux parce que
l'auberge était remplie. Nous sommes allés coucher à
Lusignan : mais voilà qu'à dix heures du soir, les
susdits citoyens nous ont rejoints : heureusement que
le lendemain matin, ils sont partis avant nous, et que
nous étions débarrassés de leur compagnie fort désagréable pour nous, comme vous devez le penser, et
surtout celle du citoyen X. qui dévorait tout ce qu'il
y avait dans l'auberge.. « Mon grand-père répondit
aussitôt pour remercier son fils de commencer avec
détails la correspondance qui sera désormais impatiemment attendue : — et il ajoute « — ta bonne tante
Sophie qui a ri de la peinture de l'appétit du citoyen
X., veut que tu lui dises quelle conversation les scé-
lérats X. et X. ont pu avoir avec toi dans vos diverses rencontres, car ils furent mes persécuteurs et
me dépouillèrent de ma fortune. » (1)

Enfin, les voyageurs arrivent à Orléans le 29 no-

(1) L'épithète n'était pas trop forte pour le citoyen Garnier
— que je puis bien nommer, car c'est ce terroriste, alors
procureur général près la Cour criminelle de Poitiers, et chevalier de la légion d'honneur, — qui, dix ans auparavant,
avait fait emprisonner ma grand'mère et tous nos parents. Son
nom était donc particulièrement odieux à son jeune compagnon
de voyage.

vembre, c'est-à-dire neuf jours après leur départ de Saintes, trajet que les progrès actuels nous font effectuer maintenant en quelques heures.

Mais à Orléans où le jeune homme devait passer très peu de jours chez ce bon abbé de Luchet, plusieurs personnes étonnées de la résolution du futur cuirassier l'engagent à réfléchir encore. M. le comte de Bizemont entre autres, dont le fils venait de sortir officier de la nouvelle école militaire créée en 1803 par Napoléon, indiqua les formalités à remplir pour y être admis et démontra à l'abbé de Luchet tous les avantages de débuter de la sorte dans la carrière militaire. Celui-ci fait part de ce nouveau plan à mon grand-père qui s'empresse d'y adhérer et ma grand'mère encore mieux, comme on doit le penser ; c'était d'ailleurs ce qu'avaient déjà conseillé MM. de la Fayette et de Préval. Néanmoins, mes grands parents désespéraient de le voir réalisé en songeant à deux grands obstacles insurmontables pour eux : d'abord, la difficulté de faire admettre leur fils au rang des élèves candidats, choisis naturellement parmi les enfants des généraux ou fonctionnaires du gouvernement, et puis l'impossibilité de payer les frais du trousseau et de la pension qui s'élevaient à plus de douze cents francs, par an d'après le règlement de l'Ecole. Il fallait, en outre, que l'élève présenté puisse subir avec succès l'examen d'entrée : les mathématiques étaient l'une des principales matières de cette épreuve, et Théophile de Bremond, bien qu'ayant fait de bonnes classes de

français et de latin, avait toujours montré peu de dis-
position et de goût pour les sciences abstraites. Il l'a-
voue dans sa correspondance : aussi n'eut-il que plus
de mérite à surmonter cette répugnance naturelle.
M. de Bizemont et son fils, avec qui mon père fit connaissance, insistèrent pour que l'on poursuivît l'exécution de ce nouveau projet, et s'entremirent fort obli-
geamment pour en faire connaître à M. de Luchet
les moyens de réussite et les formalités qui leur
avaient été imposées. En attendant l'issue des démarches que l'on fit en toute hâte, le jeune homme,
au lieu de continuer son voyage sur Paris et Saint-
Germain-en-Laye, fut placé dans une excellente école
préparatoire de la ville dirigée par M. Pornin et com-
posée seulement d'une vingtaine de pensionnaires :
c'est là que le jeune de Bizemont avait préparé son
examen. Mon père, dans sa correspondance, fait l'é-
loge de ses professeurs et de ses condisciples : les
maîtres d'agrément ne manquaient pas, et il pouvait
ainsi, tout en étudiant l'algèbre et la géométrie, continuer ses leçons de musique où il faisait sans cesse
de merveilleux progrès. Il n'omet aucun détail de
l'emploi de son temps : et la correspondance de ce
jeune homme qui se livre à un travail opiniâtre pour
arriver à son but, est vraiment touchante : il comprend
les inquiétudes de ses parents et la peine et la gène
que de nouveaux sacrifices allaient leur occasionner.

Pendant ce temps-là, mon grand-père s'adressait
à tous ses parents qui pouvaient avoir encore quelque

influence, et l'on pense bien qu'il avait tout d'abord
songé à sa cousine, la marquise de Verdelin, belle-
mère des généraux Le Veneur et d'Hédouville, et à ses
anciens amis de Wittmold, si constamment fidèles,
M. et Mme de Tessé, M. et Mme de Montagu. L'abbé
de Luchet avait également intéressé le comte Auguste
de Talleyrand à ses pressantes démarches pour que
le rapport officiel exigé sur chaque proposition fut
très favorable à la famille du jeune homme présenté.

Le comte de Ségur, grand-maître des cérémonies,
membre de l'Institut, alors en grande faveur à la cour
impériale, et fils du maréchal de Ségur, avait connu
Mme de Verdelin avant la Révolution, et il ne se refusa
pas d'appuyer la demande du fils d'un ancien émigré,
qui était aussi l'ami de ses parentes : Mmes de Tessé et
de Montagu.

Toutes ces démarches, jointes à celles fort actives,
dans les bureaux de la guerre, de M. de Piis et du
général baron Müller, finirent par l'emporter sur les
difficultés que l'on était en droit de prévoir : car il
avait fallu s'adresser à des personnes d'opinion bien
opposée, avances toujours fort délicates pour d'anciens proscrits. Bref, cinq semaines s'étaient à peine
écoulées que l'admission à l'école de Fontainebleau
était accordée, sous la condition, bien entendu, que
le nouvel élève satisferait aux conditions de l'examen
imposé avant l'entrée. Il est facile de se figurer la joie
du jeune élève de M. Pornin lorsqu'il reçut la lettre
ministérielle lui donnant avis de la décision de l'Em-

pereur, lettre officielle avec superbe vignette en tête, représentant la statue de la France assise et accostée des armes impériales et signée du maréchal Berthier, ministre de la guerre (1). Peu de jours après, il passait son examen avec succès à Orléans prouvant encore quelle avait été sa persévérance dans le travail durant un si court laps de temps.

Le vénérable abbé de Luchet voulut témoigner jusqu'à la fin son admirable dévouement pour le fils de son ami, en le conduisant lui-même à Paris et à Fontainebleau, comme il devait le faire, quatre mois auparavant, à Saint-Germain-en-Laye, dans le régiment du colonel de Préval. Mais combien les circonstances étaient différentes, et quelle joie aussi pour son cœur d'avoir assuré l'avenir du cher enfant qui lui avait été confié !

Aux lettres que nous avons déjà citées, Théophile

(1) « Le Secrétaire général du Ministère de la Guerre à M. Théophile-Charles de Bremond.

Monsieur, le Ministre me charge de vous annoncer que l'Empereur, par la décision du quatre de ce mois, vous a admis à l'Ecole Spéciale Impériale militaire de Fontainebleau, en qualité d'Elève pensionnaire. Son Excellence vous invite à vous y rendre avant le 1er Floréal (21 avril 1805) : et je vous préviens qu'après cette époque vous ne pourriez plus être reçu, à moins que votre départ n'eût été retardé par maladie. Dans ce cas, etc... »

Le Ministre de la guerre ajoutait dans sa lettre : le gouverneur de cette école est chargé de recevoir cet élève en la dite qualité de pensionnaire, après avoir fait enregistrer le présent titre. » Paris, le dix pluviôse, an treize. Le Ministre de la guerre. *M^{al} Berthier.*

de Bremond en joignait de nouvelles écrites par son père, et entre autres celle qu'il devait présenter au commandant de l'école militaire, le brave général Bellavène, l'un des héros de nos armées victorieuses.

Votre aïeul, mes chers enfants, emportait aussi un écrit bien autrement touchant. Ce sont les sages conseils que son père, la veille de son départ, lui avait tracés dans de longues pages que je me fais un devoir de reproduire en entier, pages que mon père garda toute sa vie dans son portefeuille où je les ai retrouvées intactes soixante-douze ans après. Il dût les relire souvent avec une douce émotion, lorsque, dans les pays étrangers, au milieu de la vie des camps, il pensait à l'énorme distance qui le séparait de sa mère, de son père, de ses bonnes tantes, qu'il se représentait en proie aux plus vives inquiétudes.

Les mêmes conseils étaient adressés, vingt-huit ans auparavant, par notre aïeule Catherine de la Loüe, à son jeune fils, le chevalier de Bremond, cadet gentilhomme au régiment de Guienne, alors à peine âgé de quinze ans et demi. Sa mère lui écrivait de Saintes le 31 octobre 1776 :

« Vous aurez fait connaissance avec tout votre régiment quand vous recevrez ma lettre à Marseille, mon cher chevalier. Je vous exhorte donc à mériter les bontés de vos chefs et l'amitié de vos camarades. C'est en faisant votre devoir que vous l'acquerrez. Soyez doux, honnête et complaisant : délicat sans être pointilleux. Que l'honneur soit toujours votre boussole et votre point de vue pour toutes vos actions. Soyez bon camarade : ne vous rendez jamais le délateur d'aucun ; soyez discret ; occupez-vous de l'étude de votre métier. N'oubliez jamais que vos ancêtres ont exposé leur vie pour leur prince et pour l'Etat, et qu'il y en a un grand nombre qui sont morts au service.

« Souvenez-vous toujours combien votre père et moi vous aimons tendrement ; que vous nous êtes infiniment cher, ainsi qu'à votre frère et à votre sœur. »

Son père, septuagénaire et infirme, ajoutait peu de temps après : « Je suis très aise de te savoir en bonne santé, mon cher fils : aie bien soin de la ménager ; le soin que l'on en prend dans sa jeunesse nous conduit à une vieillesse assurée : c'est donc tout ce qu'il y a de plus précieux après le soin de remplir ses devoirs du chrétien et d'un homme de qualité. Avec ce souvenir on fait toujours le bien, du moins on évite le mal. Attache-toi, mon ami, à mériter l'amitié de Messieurs les officiers et de tes camarades. Tu as tout ce qu'il faut pour réussir en pratiquant ce que je te recommande. Ne vois que la bonne compagnie : suis les conseils de M. de Farincourt à qui nous t'avons particulièrement recommandé. N'oubliez pas d'écrire à votre oncle le chevalier de Dompierre, à son château du Fouilloux, qui vous voit, avec un vif intérêt, suivre la carrière de nos ancêtres. »

Et le vieillard terminait souvent ses lettres par ces mots empreints de sa tendresse paternelle : « Tes lettres fréquentes, mon cher chevalier, augmenteroient mon amitié pour toi, si la chose étoit possible. »

Mon grand-père s'était souvenu des paroles de son père, le gentilhomme accompli, et dont la mémoire lui fut toujours si chère : il m'en entretenait bien souvent, mes chers enfants : aussi, le nom de mon bisaïeul me reporte très loin en arrière du passé. N'ayant oublié aucune de ces traditions de notre famille, je m'aperçois que plus j'avance en âge, plus j'y suis attaché à l'exemple de mon aïeul, et j'éprouve toujours un nouveau charme à vous en entretenir par de fréquentes digressions, en apparence éloignées de mon sujet. Mais c'est ce qui me servira peut-être d'excuse auprès du lecteur étranger.

« La conduite de mon père, dit mon aïeul dans ses Mémoires, était pour nous la meilleure école d'honnêteté et de morale. Humain, généreux, charitable, les pauvres le bénissaient et l'appelaient leur ami. Religieux, il priait souvent en secret. Simple dans ses manières et d'une politesse qui le rendait cher à toutes les classes de la société, l'ignorant et l'homme d'esprit se trouvaient également satisfaits de son accueil. Il n'eut d'ennemis que les mauvais cœurs et les fripons.

Il contait à merveille, et s'égayait quelquefois par des historiettes fort piquantes qu'il rendait avec un goût infini (1). Jamais un mot déplacé ne sortit de sa bouche, et son respect pour nos mœurs alla jusqu'au scrupule. Il avait été homme de plaisir s'il en fut ; mais sa galanterie se ressentait de la délicatesse de ses sentiments. Ses égards pour le beau sexe égalaient le talent qu'il avait eu de lui plaire.

« Ce talent survécut chez lui aux avantages naturels que l'âge détruit et qui l'avaient fait rechercher dans ses belles années. Je l'ai vu, à près de quatre-vingts ans, préféré aux jeunes gens les plus à la mode, par les femmes qui voulaient se faire une réputation d'esprit et d'amabilité. Les plus jolies filles étaient

(1) Ce portrait de notre aïeul trouve naturellement sa place dans ce recueil de souvenirs : et je redirai, à propos des traditions orales dont je parlais en commençant mon récit, que c'est précisément de son père que mon grand-père tenait tant de faits intéressants qui remontaient jusqu'aux règnes de Louis XIV et Louis XV.

Pierre de Bremond d'Ars, mon arrière grand-père, né en 1703, passa toute sa jeunesse à Paris et s'y trouva en relations avec bien des personnes très âgées, entre autres, la marquise d'Alluye de Sourdis, sa vieille parente que j'ai déjà citée. Elle avait été mêlée aux intrigues de la Régence et témoin des événements de la Fronde. Plus tard, mon grand-père recueillit à son tour, les souvenirs de son père, et retint également les airs et vaudevilles que sa tante, Mlle de Bremond, lui chantait dans sa jeunesse : chansons satiriques à propos de la Bulle *Unigenitus*, des billets de banque, de M. de Clermont-Tonnerre, évêque de Noyon, que les mystifications dont il fut l'objet avaient rendu célèbre. Ces plaisanteries n'avaient guère d'actualité, j'en conviens ; mais comme, dans mon enfance, je les écoutais aussi avec grand plaisir, je ne les ai point oubliées ; et puis, quand elles me reviennent à la mémoire, je constate facilement que l'esprit français n'a rien gagné en fait d'à-propos et de piquante allure.

fières de son suffrage, et briguaient avec coquetterie
l'hommage d'un compliment qu'il savait tourner avec
une grâce toute particulière.

« Je n'étais pas alors en état de juger son esprit,
mais je l'idolâtrais pour son bon cœur. »

*
* *

L'abbé de Luchet accompagna donc à Paris le nouvel élève de l'Ecole militaire, mais avant de se rendre
à Fontainebleau, il voulut le présenter aux parents et
amis de son père. Une semaine fut consacrée à ces
visites indispensables. Il reçut partout le plus aimable accueil ; sa bonne mine, son air franc et sa taille
avantageuse pour son âge prévenaient de suite en
sa faveur. Mmes de Tessé et de Montagu furent char-
mées de recevoir le fils de leur si fidèle et dévoué
compagnon d'exil, et voici la lettre que mon grand-
père recevait de l'aimable et spirituelle comtesse de
Tessé.

Paris, 1er avril 1805.

« Jamais, Monsieur, je n'ai vu un plus agréable
écolier que monsieur votre fils : ses yeux brillent du
plus beau feu de la jeunesse et de la plus aimable
gaité : son sourire est celui de la bonté et du bonheur ;
son ensemble est charmant. Il m'a promis de dîner
chez moi en débarquant de l'Ecole Militaire : je jouis
d'avance de ses récits sur la vie des trappistes de
Fontainebleau.

Je vous dois à tous deux de la reconnaissance pour m'avoir procuré une bonne visite de l'excellent abbé de Luchet). Je voulais que monsieur votre fils couchât dans sa chambre chez moi ; il n'y a pas consenti. Je suis tentée de croire que c'est pour se réserver le droit de faire courir après lui.

Je n'ose vous parler de votre situation, et ne pense qu'à celle de vos enfants qui vous donnent de si douces espérances : mais vous ne pouvez douter de l'éxtrême intérêt que j'y prends, si vous rendez justice au bien sincère attachement que je vous ai conservé, Monsieur, pour toute ma vie. »

Noailles Tessé.

« Je voudrais bien être rappelée au souvenir de Madame de Bremond, et Mr de Tessé au vôtre, de manière à vous convaincre de la constance de notre attachement. »

. .
. .

Voici, mes chers enfants, les admirables conseils que mon grand-père avait tracés à son fils.

A mon fils, Théophile de Bremond d'Ars

« Encore quelques jours, quelques heures peut-être, et vous voilà, mon cher Fils, loin de moi. loin de votre bonne mère, de tous vos amis ; mais vous êtes resté dans notre cœur. Ce cœur dont vous n'avez peut-être pas connu toujours la tendresse et le prix, veille sur vous quoiqu'absent, et veut votre bonheur aux dépens du sien propre, puisque nous avons consenti à un parti que vous désirez prendre, bien que cette résolution nous affligeât.

Cependant la satisfaction que vous éprouvez de votre nouvel état ne suffit pas à votre félicité ; pour être vraiment heureux, il faut savoir se conduire dans la société, et cette science ne s'acquiert qu'à vos dépens, c'est-à-dire qu'en éprouvant les désagréments des fausses démarches : l'injustice des hommes que vous ne connaissez pas et avec qui vous allez vivre ; le tort des gaucheries que vous ferez nécessairement, et les chagrins inséparables des contrariétés. des privations, de la dépendance et des fatigues de corps et d'esprit que vous allez éprouver. Si le tableau de tant de peines s'offrait tout d'un coup à votre regard, vous en seriez effrayé : mon amitié qui l'envisage cherche à vous en épargner la réalité : et si votre esprit. jusqu'ici indocile. sent enfin la nécessité de marcher, à l'aide de ma tendresse, dans la carrière du monde, je vais y guider vos pas : écoutez-moi attentivement : et soyez bien convaincu d'avance que pour n'y pas broncher, vous n'avez rien de mieux. il n'est rien de plus sûr à croire et à suivre que les conseils que vous donne ici le cœur d'un bon père.

Premièrement. mon fils, ne perdez jamais de vue que vos obligations sont de deux genres : celles envers Dieu. maître suprème de votre vie. et celles envers les hommes, tenus envers vous aux mêmes obligations. il est vrai, mais dont l'opinion sur votre compte doit décider de votre bonheur ou de votre infortune.

Quant à vos devoirs envers Dieu, ma plus douce consolation est de croire, mon cher fils, que jamais vous ne cesserez de le servir, de l'aimer, et de vous soumettre à sa volonté sainte dont souvent les décrets sur nous semblent rigoureux ou injustes. parce que sa puissance nous a ôté la connaissance de ses vues. mais qui sont tous pour notre utilité dans cette vie ou dans l'autre, sans quoi il cesserait d être la justice éternelle.

Dans quelque position fâcheuse, critique ou dangereuse que se trouve votre esprit ou votre personne, dites-lui donc avec résignation : « Dieu bon et juste, je me soumets à votre volonté: donnez-moi la force nécessaire pour m'y résigner, et faites-moi la grâce de n'être point indigne de vous. » Après cela, mon fils, prenez courageusement votre parti, quel que soit l'événement : vous éprouverez, je vous le promets, une grande satisfaction de votre confiance dans le Maître souverain du ciel et de la terre.

Que chaque jour, en vous éveillant, Dieu reçoive l'hommage de votre cœur: que chaque soir, il vous entende le remercier de la journée, des grâces ou des peines qu'il vous a envoyées, surtout par ces belles paroles du divin Jésus si belles, si courtes, si expressives : Mon Dieu, que votre volonté soit faite! Ce n'est pas la longueur des prières qui plaît à Dieu : c'est l'hommage d'un cœur contrit de ses fautes, pénétré de respect et d'amour : *Cor contritum et humiliatum non despicies !*

Avez-vous une résolution à prendre dans une affaire d'intérêt, de politique, de plaisir même? Commencez par vous interroger vous-même en ces termes : ce que l'on me propose, ce que j'ai envie de dire ou de faire peut-il offenser Dieu, la vérité ou mon prochain? La conscience, cette voix secrète de l'âme vous répondra tout de suite *oui* ou *non* ; dans le premier cas, allez, ne craignez rien ; dans le second, rompez tout projet, le dessein était mauvais. En voulez-vous la preuve? faites-vous cette seconde question à vous-même. Voudrais-je qu'on me fît, qu'on me dit cela? non : eh bien ! ne faites donc pas à autrui ce que vous ne voulez pas qu'on vous fasse.

En voilà assez, mon cher fils, sur le chapitre le plus essentiel à votre bonheur, parce que votre probité a été éclairée des lumières de la religion sur laquelle reposent la bonne foi et toutes les vertus, et que j'espère bien qu'en toutes occasions vous n'oublierez jamais les exemples que vous avez vus au sein de votre famille, et qu'un homme sorti du sang d'où vous venez serait indigne du nom qu'il porte s'il commettait une action désapprouvée par l'honneur et l'équité.

Mais si Dieu se laisse désarmer par nos regrets de l'avoir offensé, mon fils, s'il nous rend encore le bien pour le mal, il n'en est pas ainsi des hommes : ils se nuisent entr'eux sans motif de vengeance, ils ne s'aiment que par intérèt, et leur orgueil offensé ne pardonne point.

Cependant c'est avec eux qu'il faut vivre, et la manière de se comporter dans le monde variant autant qu'il y a de sociétés, de classes, de rangs, d'états différents, rien n'est plus difficile que de se comporter de manière à satisfaire tous ceux avec qui l'on a des rapports ; or, c'est pourtant à quoi il faut absolument s'appliquer, car sans cela on n'aurait ni agrément, ni sûreté, ni bonheur dans la vie.

Que faire donc pour y parvenir ? — Etre juste, honnête et prévenant pour tous.

La politesse est une monnaie qui a cours partout ; tout le monde s'en contente, et c'est encore celle qui coûte le moins.

Mais dans le commerce plus intime que vous allez avoir avec vos camarades, soit comme simple soldat, soit comme élevé à un grade supérieur, il faut que cette politesse soit encore plus marquée, sans être trop familière.

Vous aurez peu de frais à faire pour y réussir, mon fils, parce qu'en général on se laisse prévenir pour l'âge où vous êtes, et qu'on lui sait gré de l'espèce de timidité aimable qui l'accompagne. Mais dans les liaisons plus particulières que nécessairement vous formerez avec quelques individus dont l'âge et le caractère se rapprocheront du vôtre, il y a un écueil à craindre pour vous, mon cher fils, et ma tendresse ne peut l'envisager sans chagrin.

Votre humeur brusque, votre penchant à blâmer les autres et la sécheresse de votre ton déplairont à tout le monde : et si vous ne vous hâtez de réprimer cette détestable manière d'agir, comptez qu'au lieu de l'amitié et de l'estime de vos camarades, vous n'obtiendriez que leur haine, et que leur haine amènerait ou des réponses ou un traitement qui, en compromettant votre repos ou votre vie, me rendraient le plus malheureux des pères.

Je veux croire que votre cœur est sensible et bon, mais rien dans vos propos, encore moins dans vos actions, n'a prouvé que vous fussiez vraiment touché des sentiments qu'un père, qu'une mère, et que toute une famille qui vous chérit avait droit d'attendre de vous. Notre indulgence a pu excuser vos torts, mais notre sensibilité n'a pas cessé de gémir de votre apparente indifférence. Les étrangers qui ne peuvent être vos amis et vous pardonner la dureté de votre extérieur, vous feront une loi d'être plus sociable : on cesserait de vous rechercher ; et, comme je l'ai dit tout à l'heure, — leur indifférence pourrait se changer en mépris.

En vous séparant de nous, en contractant de nouveaux devoirs, vous allez sentir la différence de la vie heureuse que vous meniez au sein de votre famille d'avec celle que vous embrassez.

Cette leçon, mon fils, j'aurais voulu vous l'épargner et il n'a pas tenu à nous que vous ne vous fissiez un sort plus doux, mais votre goût a décidé votre sort il est en vos mains, vous avez reçu tous les bons principes, toutes les leçons de l'amitié et, j'ose le dire, tous les exemples de la vertu; si vous êtes malheureux, vous seul serez coupable ; notre cœur nous dit que nous n'avons rien négligé pour votre bonheur.

L'état militaire vous impose la loi d'une obéissance aveugle : ne résistez jamais aux ordres qui vous seront donnés.

Soyez avec vos chefs respectueux sans bassesse et complaisant avec dignité.

Avec vos camarades, s'ils sont sans éducation, soyez humain, généreux, si vous le pouvez : mais jamais familier.

S'ils sont bien élevés, la politesse — je le répète, — est et doit être sans cesse à l'ordre du jour : et, pour des liaisons plus intimes, votre bon sens vous dira vite ceux qui auront des droits à la préférence : que cette préférence ne soit jamais le fruit de la prévention ; rompez toute habitude avec quiconque ne respectera dans ses propos, ni la religion, ni les bonnes mœurs, ni les lois de la subordination.

Souvent les plus répréhensibles des hommes se trouvent les plus aimables.

Ne jugez donc les hommes que par les actions et non par leurs propos, *Arbor fructu non foliis :* et que jamais celui qui méprise ce qu'il doit respecter ne soit honoré de votre estime.

Il est difficile que l'habitude de vivre avec ses camarades, ne force, en quelque manière, un militaire à contracter des liaisons plus particulières avec quelques-uns, et dans cette familiarité on se permet souvent des propos dont on se serait abstenu, se connaissant moins ; or, ces propos deviennent quelquefois piquants, de gais qu'ils étaient d'abord : prenez-y garde, mon fils, il n'y a rien que les hommes pardonnent moins que la raillerie, et si vous en jugez par vous-même, vous sentirez vite que personne ne veut être le jouet d'autrui : votre caractère violent et qui supporte difficilement la plus légère plaisanterie, vous doit servir de leçon pratique pour vous faire une loi de ne jamais plaisanter personne.

Je vous préviens aussi, mon Fils, qu'un seul geste pris en mauvaise part (et qui est-ce qui n'éprouve pas quelquefois de l'humeur ?) peut compromettre votre vie en vous attirant ou un outrage ou un propos brutal ; et d'ailleurs, rien n'annonce plus la mauvaise éducation que ces jeux de main toujours grossiers et sans esprit, et auxquels vous n'avez point vu d'homme bien élevé se laisser aller dans la bonne compagnie.

C'est dans la bonne compagnie, mon cher Fils, qu'il faut chercher, sinon le plus de mérite réel, du moins toutes les bienséances qui distinguent le véritable honnête homme. Je sais que les plus polis ne sont pas les plus gens de bien, mais enfin leur extérieur est au moins un hommage qu'ils rendent à la vertu, et somme toute, il se trouve encore plus d'honnêtes hommes parmi les hommes honnêtes que parmi ceux dont l'éducation n'a pas été dirigée vers les sentiments d'honneur et de délicatesse.

Cherchez donc et fréquentez toujours la compagnie des personnes bien nées et bien pensantes ; non parce qu'elles sont distinguées par l'avantage de leur naissance, qui trop souvent ne fait rien à leurs sentiments ; mais parce que l'amour-propre de ces personnes-là les oblige au moins à ne pas paraître indignes des principes qu'elles ont reçus, et que la vanité les force à déguiser leurs vices.

Vous sentez bien que ce n'est pas au hasard de la naissance que j'attribue la supériorité du mérite : sous ce rapport nous naissons tous également bien ou mal partagés par le sort, et la révolution de votre patrie est la preuve humiliante que les hommes les plus élevés ne sont pas les plus estimables ; mais je vous le répète, l'éducation qui accompagne d'ordinaire la fortune et une origine distinguée sont des garants d'une meilleure façon de penser.

Autrement, un homme obscur mais bien élevé et digne d'estime est mille fois au-dessus du noble grossier, ignorant et vicieux.

Lisez l'histoire, elle forme le cœur. Rien n'a été épargné, vous le savez, pour votre instruction, et malgré la perte de votre fortune, aucun maître de sciences utiles ou agréables ne vous a manqué.

Si vous n'avez pas mieux profité la faute est tout à vous ; ne négligez pas le seul talent que vous ayez : celui du violon.

Nous avons pourvu à la dépense que peut vous occasionner un bon maître de goût : prenez donc ses leçons avec soin, et étudiez, quand vous êtes libre, une ou deux heures chaque jour : mais surtout cherchez l'occasion de faire de la musique avec des gens honnêtes, forcez votre timidité, et avec les dispositions que vous avez, vous pouvez espérer de faire plaisir dans toutes les sociétés.

Consacrez à la lecture de bons ouvrages le temps que vous ne donnerez pas à la musique et à vos devoirs militaires.

Je ne vous dirai rien de l'assiduité que vous devez mettre à apprendre le métier auquel vous vous êtes consacré : un honnête homme remplit tous ses devoirs, et plus que la mort craint le blâme et les réprimandes.

D'ailleurs, votre avancement tient à votre instruction : il ne serait pas juste que vous fussiez élevé à un grade au préjudice de vos camarades plus instruits que vous : c'est donc de votre zèle à contenter vos chefs que dépend votre fortune militaire, et comme vous êtes sans titres particuliers à leur bienveillance, c'est de leur équité forcée par votre mérite, que je dois attendre votre avancement.

Les soins qu'il exige pour votre nouvel état ne vous empêcheront pas d'aller souvent en bonne compagnie : de grâce ne vous en éloignez pas, c'est là et là seulement, mon fils, qu'à l'agrément d'une société polie se joint encore l'avantage de faire des connais-

sances qui peuvent vous être utiles pour votre avancement.

Mais il s'y trouve aussi un grand danger, mon cher
fils, c'est l'occasion de perdre ses mœurs, et le fruit
de l'éducation chaste et pure, que,grâces à Dieu, vous
avez reçue sous les yeux de vos parents, et qui est
pour l'âme et pour le corps le bien le plus précieux de
l'homme. Oui,dans le monde,vous trouverez des personnes peut être estimables qui s'amuseront de votre
pudeur timide, qui,pour vous la faire perdre, emploie-
ront toutes sortes d'artifices, et n'ayant plus de con-
sidérations de ce côté-là, seraient humiliées de vous en
voir digne ; pour réussir dans leur infernale machi-
nation, ces personnes vous présenteront la débauche
comme très aimable, et sauront parer le vice de tous
les charmes du plaisir.

Ce n'est pas au milieu de vos camarades les plus
grossiers que vous aurez rien de semblable à craindre :
es mœurs de ces braves gens sont simples et bonnes :
mais la jeunesse dont vous ferez nombre se glorifie
de son libertinage : on vous dira qu'il faut faire comme
tout le monde : vous résisterez, on vous séduira, on
vous entraînera, et si votre amour de Dieu et de la
pureté d'âme ne vous soutient, mon cher fils, vous
périrez comme tant d'autres.

Cette même amitié me porte encore à vous dire ici
qu'un projet avantageux pour votre fortune, pour
vous obtenir un grade flatteur, projet qui nous occupe
sans cesse, votre mère et moi, cesserait d'être exécu-

table, si l'on pouvait soupçonner que votre santé et vos mœurs auraient souffert quelqu'atteinte. Je ne puis m'expliquer plus ouvertement, mais confiez-vous du soin de votre bonheur à notre inépuisable tendresse pour vous, et soyez chaste, mon Fils, pour être agréable à Dieu, et digne de perpétuer un jour la race des gens de bien dont vous avez reçu la vie.

Je ne saurais mieux finir les conseils de notre amitié qu'en vous répétant, qu'en vous recommandant l'observation de votre religion. Ne manquez jamais d'aller le dimanche rendre au Dieu bon qui vous conserve et vous a créé, l'hommage de votre personne et de vos actions.

Entendez la messe ; ne craignez point de faire voir par le signe de la croix que vous êtes disciple du divin Jésus-Christ, et rappelant sans cesse à votre esprit l'Auguste et Sainte Cérémonie par laquelle la veille de sa mort il donna à ses fidèles amis la dernière preuve de son amour.

Ne manquez jamais, mon cher Fils, d'aller vous associer à eux au moins une fois chaque année en participant par la communion, touchant et précieux mystère de l'Eucharistie, qui fait de tous les chrétiens un peuple de frères et d'amis de Dieu unis dans le même lien de charité et d'amour.

En vous acquittant de ce devoir si doux, le jour de Pâques, vous aurez le plaisir de vous dire encore que ce jour-là nous faisons, votre bonne mère et moi, la même chose que vous.

Je ferais injure à votre cœur si je vous recommandais, mon Fils, de n'oublier jamais la reconnaissance et le respect que vous devez à votre excellente tante Sophie et à tous vos proches.

Témoignez-leur vos sentiments par des marques de votre souvenir adressés de temps à autre à chacun d'eux : leur amitié pour vous en sera touchée.

Votre oncle, mon frère. a des droits à vos égards et à votre gratitude plus directs encore que personne après vos tantes Sophie et Gillis. Ne manquez pas de lui écrire tous les trois mois une lettre qui lui apprenne vos occupations : et au jour de l'an, offrez-lui l'hommage de votre respectueux attachement.

Mon Fils, celui qui remplit tous ses devoirs vit heureux ; et si je vous entretiens si longuement, c'est que personne ne veut plus votre bonheur que moi, votre bon père, dont la vie serait une mort lente et pénible, si, par votre conduite, vous n'étiez estimé des gens de bien, et, par vos sentiments. la consolation et l'honneur de votre famille et la gloire de ma vieillesse.

Lisez, je vous le demande, mon Fils, ces conseils de mon amitié, au moins deux fois chaque année, à Noël et le 24 juin : et quand vous remarquerez que j'ai gardé le silence sur les avis que semblait exiger l'économie, dites-vous bien à vous-même que c'est dans la ferme persuasion où je suis que vous n'oublierez jamais que toute dépense où vous nous engageriez serait de votre part une preuve d'ingratitude.

En effet, mon cher Enfant, vous connaissez notre pauvreté, vous savez que nous avons peine à vivre, et que sans votre tante Gillis qui aide chaque année votre mère, nous ne remplirions pas nos engagements envers les créanciers que nous a laissés à payer le gouvernement qui s'est emparé de nos biens.

Soyez donc économe et rangé : un sou qu'on épargne sur ses fantaisies peut être un trésor pour le pauvre à qui on le donnerait dans son besoin ; et d'ailleurs, nous ne pourrions payer rien de plus que nos charges actuelles sans vendre, quelque portion des fonds de terre que nous ne cultivons que pour vous.

Vous pouvez être propre dans vos habits, avoir une nourriture saine, pourvoir à vos besoins avec votre solde et les petits secours que nous y ajoutons, en prenant sur notre mince revenu : mais si vous aggraviez nos privations, vous seriez un ingrat, et cette idée me tuerait de douleur.

Écrivez chaque soir ce que vous avez dépensé ; cette méthode est excellente pour avoir de l'ordre dans ses affaires, et calculer ses moyens et ses ressources : mais surtout soyez convaincu de cette vérité incontestable que rien ne peut suppléer l'économie, qu'elle est une vertu, que l'argent ne s'acquiert qu'à force de soins, de travail et de sueur, et qu'il n'est point d'ami qu'on doive choyer comme sa bourse, parce que, dans les nécessités où l'on peut se trouver, il n'en est point de plus secourable et de plus utile.

Je ne veux pas vous dire qu'emprunter est un

crime ; je me contenterai de vous dire que celui qui emprunte se met dans la dépendance de celui qui l'oblige ; cela suffira pour vous préserver d'une pareille action.

Mais je dois vous engager à rendre service à l'indigent, au nécessiteux honnête et vertueux : ainsi, n'épargnez rien pour tirer de la peine. à prix d'argent, l'homme assez malheureux pour être embarrassé dans une affaire où ne l'aura pas jeté son dérangement, quand vous aurez de sa véracité une preuve suffisante : car il faut faire à autrui ce que nous voudrions qu'on nous fit.

Bien des gens s'étonneront de votre genre de vie modeste et frugale, ils piqueront votre vanité, ils voudront vous séduire par leur exemple de faste et de dépense : tenez ferme, témoignez-leur votre regret de ne pouvoir faire comme eux ; dites-leur en l'honorable raison, et ils en concevront plus d'estime pour vous, sans vous presser plus longtemps : n'oubliez pas enfin que, durant mon long exil. j'ai mangé bien souvent avec des ouvriers, des gens du peuple. dans les lieux les plus dégoûtants. à six sols par repas. pour n'être à charge à personne et soulager les facultés de votre bonne mère.

Je finis, mon Fils ; mes conseils seraient encore bien longs si je n'espérais pas que votre raison. votre probité et votre amour pour nous suppléeront à ce que je ne vous dis point : mais, dans quelque circonstance que vous vous trouviez, dans quelque lieu que vous soyez, mon esprit et mon cœur veilleront sur vous, vous suivront partout. Depuis votre naissance. mon cher Fils, ma tendresse ne vous a pas perdu de vue un seul instant : présent. absent. j'étais à vos côtés : dans vos jeux, dans vos peines. votre père était de moitié.

... Eh! pensez-vous que mon amour vous aban-donne quand vous laissez pour longtemps. pour la première fois. pour des années peut-être, ce toit paternel où je vous ai vu croître dans l'espoir si flatteur que vous seriez la consolation de mes vieux jours? Non, mon cher Théophile. en vous séparant de moi vous affligez mon cœur, sans doute, mais il ne vous aban-donne pas : il vole à votre suite : il partagera tous vos sentiments : puissé-je ne voir dans les vôtres que les fruits de mon amitié et des bonnes leçons que vous avez reçues ; puissé-je trouver dans votre bonne con-duite la récompense de mes efforts, et le dédomma-gement des sacrifices faits à l'honneur, au devoir, dont je demande au Ciel que vous ne vous écartiez ja-mais !

Adieu, cher Enfant, adieu! Que Dieu vous conserve, voilà nos uniques vœux ; puissiez-vous, par votre conduite, nous montrer bientôt qu'ils ont été exaucés !

Adieu, adieu, mon Fils. Mon cher Fils, mes larmes m'empêchent de vous en dire davantage...

Qu'elles arrivent jusqu'à votre cœur ! »

A la suite de ces conseils donnés en termes si touchant et si sages, mon grand-père en ajoutait d'autres relatifs aux moyens de se maintenir en bonne santé.

Mens sana in corpore sano.

« La pureté de l'âme et la santé du corps, voilà, mon cher Fils, les deux plus grands biens de la vie ; la fortune n'est rien auprès d'eux.

J'espère que jamais vous ne perdrez le premier, si vous êtes fidèle à aimer et servir Dieu, créateur de votre âme. Le second, périssable de sa nature, est souvent prêt à nous échapper ; mais la même Providence qui nous conserve, nous a donné la raison pour en supporter l'absence dans les maladies qu'elle nous envoie, et les connaissances nécessaires aux médecins pour le recouvrer.

Le plus grand de tous les remèdes, c'est la tempérance dans l'usage des forces du corps et dans le boire et dans le manger ; c'est ce qu'on appelle le régime. Le corps le plus robuste est bientôt énervé s'il s'écarte des lois de la sobriété : en s'y conformant, l'homme évite les maladies qui naissent de l'intempérance, et conserve l'usage de ses facultés physiques et morales jusqu'à un âge très avancé.

Cependant. nous sommes souvent affligés de maux
étrangers à notre manière de vivre ; ce sont le plus
souvent des crises salutaires par lesquelles la nature
se soulage. et rétablit l'équilibre de nos humeurs.
dérangées sans que nous nous en soyons aperçus. La
connaissance des causes qui peuvent produire ces
accidents là. n'est pour chacun de nous que la connaissance de son tempérament. Or, c'est avec raison
que Tibère disait qu'un homme parvenu à trente ans,
devait être son médecin. c'est-à-dire qu'il devait savoir
ce qui lui était sain ou nuisible parce que l'expérience
des aliments, des habitudes. nous apprend ce qui con-
vient à notre estomac. à nos forces, etc.

Mais cette expérience, — le fruit des années, —
vous manque, puisque votre vie ne fait pour ainsi
dire que de commencer. Pour y suppléer, je vais vous
faire part de la mienne et vous apprendre ce qu'elle
m'a enseigné du tempérament de notre famille, ce
que vous auriez peine à comprendre si je ne vous disais pas d'abord. que chaque peuple. chaque race
d'hommes, est sujette à des maladies différentes, et
que tous les individus d'une même famille ont encore
des tempéraments différents entre eux. Ainsi par
exemple. les Normands sont sujets à la pierre, les
Savoyards aux goîtres. les peuples habitant les marais. aux fièvres malignes etc. Parmi les individus
d'une même race, les uns sont sanguins, les autres
bilieux, ceux ci flegmatiques, ceux-là impétueux etc.
Pour nous. mon fils. Dieu nous a donné en général.

une bonne constitution, et il est commun dans notre famille de porter la vie très loin. (1)

Voici maintenant ce que j'ai éprouvé de contraire à notre constitution.

Premièrement, le froid : évitez-le, surtout ayant eu chaud ; et pour cela changez de linge dès que vous le pourrez, et jusque-là tenez-vous en mouvement pour ne pas vous refroidir. Ayez toujours les pieds chauds.

Ne mangez point d'acide ; en général ils ne valent rien à l'estomac. Privez-vous d'épices, de liqueurs, de l'usage fréquent du thé et du café. Mais surtout ménagez votre sommeil.

Il nous faut à tous sept heures de lit au moins. Quoique grand matinier j'y reste ce temps-là. Et vous, pour l'avoir dans le métier que vous allez faire, contractez l'habitude de vous coucher toujours de bonne heure pour que votre ration de sommeil ne souffre point de la nécessité où vous serez souvent de vous lever matin. C'est un article bien essentiel à la santé, et surtout à votre âge. D'ailleurs, l'habitude de se lever matin est aussi salutaire que celle de veiller est funeste au tempérament. Ainsi, quand vos exercices devront commencer à quatre heures, couchez-vous

---

(1) Notre aïeul, Josias de Bremond d'Ars. fils de Charles. baron d'Ars, et de Louise d'Albin de Valzergues, né en 1530, marié en 1600 à Marie de la Rochefoucauld. mourut âgé de quatre-vingt-onze ans, après avoir fidèlement servi la cause royale pendant soixante-seize ans. et assisté à vingt-deux batailles et dix-huit sièges.

la veille à neuf : sans sommeil, je le répète, l'homme ne peut vivre en bonne santé.

L'exercice à pied, mais un exercice modéré, nous est nécessaire, il faut que nous transpirions pour nous bien porter. C'est pourquoi en hiver j'aime à jouer au volant, à faire des armes, à danser modérément.

Au moindre froid, couvrez-vous la poitrine d'un gilet de laine : l'humidité aux pieds est la cause la plus commune des maladies. Vous vous en préserverez en portant des bas de laine.

Ne vous mettez jamais entre deux courants d'air, entre deux portes : il vaudrait mieux s'exposer à la gelée la plus rigoureuse. Ne vous baignez qu'avec précaution : jamais ayant quelque émotion : un rhumatisme général serait le moindre accident que vous auriez à craindre en entrant dans l'eau, ou en buvant trop frais ayant chaud.

Vous aimez le lait et il vous est sain : continuez-en l'usage, mais s'il cessait de bien passer, c'est-à-dire s'il vous occasionnait des dérangements d'entrailles, n'en prenez plus, il serait dangereux.

Le lait, pour bien faire, doit être pris peu à la fois, et toujours sans mélange d'aliment autre que du pain. Sevrez-vous de tout mets salé. Usez beaucoup de légumes, de racines, de fruits, mais peu de ceux qui sont acides, à moins que vous n'éprouviez que les acides ne vous font pas de mal.

Buvez du vin à déjeuner, mais toujours trempé

d'eau : jamais d'eau-de-vie : c'est un poison qui tue plus d'hommes que l'épée.

Ayez soin de vos dents, et à défaut d'opiat, l'usage de les frotter tous les deux ou trois jours avec une feuille d'oseille est utile et commode.

Evitez les chaussures étroites : il faut être libre et à l'aise dans ses souliers, ses bottes et ses autres vêtements.

L'habitude du cheval que vous allez prendre exige des précautions particulières pour éviter des maladies très fâcheuses et malheureusement trop communes parmi les cavaliers.

Si vous faites quelque chute n'hésitez pas à vous faire soigner et de prendre du vulnéraire, mais point de saignée sans accident grave.

Enfin, mon cher fils, ayez, autant que faire se pourra, l'attention d'éviter les excès de tout genre, et votre santé, bonne naturellement, se fortifiera par la sagesse de votre régime de vie. *Moderate sumpto.* »

Après toute une semaine passée à Paris et consacrée à faire des visites aux amis de sa famille et à ses parents, entre autres à sa tante, Mme de Thamaing, cousine germaine de son père, Théophile de Bremond fut conduit à Fontainebleau par l'excellent abbé de

Luchet, son vénérable et si dévoué mentor (1). Mais auparavant, il avait eu également tout le temps de visiter les monuments les plus remarquables de la capitale où il venait pour la première fois, ainsi qu'il l'écrit à sa mère et à son frère : et il se loue principalement de l'extrême complaisance de son vieil oncle, le chevalier de Thamaing, qui l'avait accompagné dans toutes ses promenades et excursions.

Dès son entrée à l'Ecole, le 1er avril 1805, il a soin, comme son père le lui avait souvent recommandé, de commencer à noter tout ce qu'il voit et ce qui se passe, ses occupations, etc. : il n'oublie pas de nommer ses camarades de la chambrée, et ajoute même sur chacun d'eux des appréciations assez curieuses, car elles montrent déjà l'esprit sage et réfléchi de ce jeune homme. Il retrouve plusieurs de ses amis et parents, MM. de Lawoëstine, de Rumigny, de Nettancourt, de Perthuis, de Sainte-Mesme, de Sainte-Marie, de Chasteigner de la Rochepozay, de Chourses, de la Bretonnière, Le Veneur de Tillières, de Piis. de la Rochecourbon etc. Au bout de quinze jours, il ne manque pas de donner à sa mère tous les détails qu'il savait devoir l'intéresser, l'emploi de son temps, du matin au soir. Le règlement était fort sévère.

Tous les dimanches, après la messe, le sac au dos et

_____

(1) Mme de Thamaing, née Henriette de Mânes, fille du marquis de Mânes et de Claire de Bremond d'Ars, avait eu un frère mort en émigration. Son mari, chevalier de Saint-Louis et ancien capitaine de cavalerie, avait également émigré.

le fusil sur l'épaule, on faisait de longues promenades militaires à travers la forêt dont mon père admire les sites qu'il décrit avec enthousiasme, malgré la fatigue de ces marches forcées de six à huit lieues à travers les rochers qu'il fallait escalader. Il ne s'en plaint pas trop ; cependant ces exercices ouvraient largement l'appétit de ces jeunes soldats : et mon père dit souvent dans ses lettres que leur ration de pain est insuffisante et qu'il lui a fallu, pour en acheter quelque supplément, réserver la faible pension de chaque semaine, l'ordinaire étant des plus frugal ; les élèves mangeaient tous à la gamelle, et le repas ne durait que dix minutes.

Il parle aussi des revues passées par le prince Louis Bonaparte, le futur roi de Hollande, alors gouverneur de l'Ecole de Fontainebleau, et aussi des revues de l'Empereur qui affectionnait tout particulièrement ces jeunes gens élevés sous ses yeux, car ses visites à Fontainebleau étaient assez fréquentes. Une fois, entre autres, dit mon père dans une lettre à son père, l'empereur y séjourna toute une semaine avec sa cour. Il fit manœuvrer lui-même ces jeunes bataillons, et fit également exercer les commandements en sa présence par quelques-uns des élèves, très fiers certainement de profiter des leçons du grand capitaine. Je ne sais si c'est à l'une de ces grandes revues, en présence des princes et princesses et des grands dignitaires, que Théophile de Bremond vint à arrêter les regards de l'Empereur passant dans les rangs des élèves.

On sait que les très jeunes gens ont hâte d'imiter les plus âgés : aussi, les élèves de l'Ecole Militaire enviaient ils la barbe et la moustache des vieux grenadiers. Comme ses camarades, Théophile de Bremond, la veille de chaque grande revue, se servait du rasoir, mais en vain, et un jour il ne réussit qu'à se faire une entaille sur la lèvre et la joue. Le lendemain, c'était justement l'Empereur qui passait la revue : apercevant cette marque très apparente, il apostrophe brusquement le jeune homme : « D'où vient cette blessure ? » — Il pensait déjà à quelque duel, chose qu'il réprouvait souverainement. — « Sire, c'est en me faisant la barbe », répond l'interpellé. A l'aspect de ce grand jeune homme encore imberbe, mais à l'assurance modeste et à la tournure distinguée, l'Empereur ne put s'empêcher de sourire, et demanda au général Bellavesne : « Quel est cet élève ? » — « Sire, c'est le fils du comte de Bremond d'Ars, ancien député de l'Assemblée Nationale. » — « C'est comme cela qu'il m'en faut », dit alors Napoléon.

C'était bien, en effet, la pensée de l'Empereur de ramener dans l'armée les fils de famille : il savait qu'ils naissaient avec la vocation militaire.

Si j'ai rapporté cette petite anecdote que je tiens de mon père, c'est qu'après cent ans, il est permis de relever les moindres faits échappés à l'oubli, surtout quand il s'y rattache quelque souvenir historique.

Le jeune élève de Fontainebleau ne retira aucun bénéfice d'avoir attiré par hasard l'attention person-

nelle de Napoléon, car l'avancement était très difficile
à cette époque, précisément par suite du grand nombre
de jeunes gens capables et instruits dans les écoles et
les régiments, ainsi que le faisait remarquer le colonel de Préval, dans sa lettre à mon grand-père.

Théophile de Bremond continuait à faire de rapides
progrès, grâce à son assiduité et à son application :
« Je m'habitue fort bien à mon nouveau genre de vie,
écrit-il à sa tante : c'est un peu fatiguant surtout de se
lever à quatre heures du matin : mais quand je pense
aux grands sacrifices que vous faites pour moi, mes
chers parents, je redouble de travail et de zèle, afin
de sortir le plus tôt possible de l'Ecole, car on peut
être nommé au bout d'un an. Cependant, pour avoir
cette chance, il est nécessaire d'avoir des protections,
tant les places sont rares et recherchées. »

L'éducation morale était l'objet de l'attention des
chefs de l'Ecole. L'Empereur y tenait tout particulièrement. Les exercices religieux avaient leur place
à côté de l'enseignement des sciences et de la théorie
militaire. Théophile le dit dans ses lettres à sa mère
pour qui c'était une grande consolation. Le respect
humain n'empêchait pas les pratiques de piété, à
cette Ecole ; et nous lisons, dans une lettre du jeune
élève, cette mention toute simple et toute naturelle
après le récit de ses diverses occupations de la semaine écoulée : « J'ai rempli mon devoir pascal, le
vendredi saint. » Les chrétiens fidèles ont toujours été
de bons soldats.

Au mois d'octobre, Théophile de Bremond tomba malade : la fièvre le prit sans relâche et ne paraissait guère devoir céder au traitement de l'infirmerie, où il entra à son vif regret. Il se voyait déjà attardé pour la sortie de l'Ecole. Ses parents, au comble de l'inquiétude, demandèrent pour lui un congé au général Bellavesne qui, dans l'intérêt même de cet élève, n'hésita pas de le refuser aux pressantes instances de mon grand-père. « Si votre fils, répondait-il, retourne dans sa famille, son avenir est perdu. »

Il eut raison : mais en même temps, il permettait au malade d'aller passer quinze jours chez M. et Mme de Piis où le changement d'air et de régime eut bien vite plus d'efficacité que tous les remèdes. Mon père écrit longuement tous ces détails que je résume en quelques lignes. Ce fut donc grâce à l'affectueuse attention de ces excellents amis, que mon père dût de recouvrer son excellente santé et de revenir prendre sa place à l'école où il redoubla d'efforts pour réparer le temps perdu. Cette correspondance du jeune élève est assez volumineuse – il écrivait avec une parfaite régularité toutes les semaines — mais elle n'offre qu'un intérêt tout intime et nul pour le lecteur étranger Ce sont de menus faits qui ont perdu toute actualité. Je noterai cependant la lettre où il annonce qu'il a été nommé caporal le 1er mai 1806, ce premier grade qui, à l'école, n'est pas sans importance aux yeux de vos camarades. Mon père l'avait reconnu dès son entrée à l'Ecole : aussi, dans les notes consignées sur son carnet où il inscrivait les noms de sa chambrée, mettait-il très sérieusement en regard de celui de son caporal : « n'abuse pas *de son pouvoir.* »

C'est, en effet, à ce début de l'exercice *du pouvoir* que se dessine le caractère de l'homme qui le détient : c'est alors que l'on peut apprendre à commander avec douceur, modération et fermeté.

Un vieil auteur angoumoisin de la fin du XVIe siècle, Jean Montgeon, qui publia en 1615 l'*Alphabet de l'Art militaire*, opuscule rarissime que j'ai fait réimprimer et annoté, s'exprimait en ces termes :

« Le caporal a de grandes authorités : pour ces conditions, il doit estre judicieux et vigilant, avoir la crainte de Dieu devant les yeux, et s'il avoit quelques imperfections, les corriger de peur de mauvais exemples ; empêcher dans son corps de garde les jurements, paroles sales et lubriques, je dis comme s'il estoit en terre sainte. Admonester les jeunes soldats de leur devoir, leur lire quelque livre pour les instruire et les maintenir en paix et amitié etc. » (1 .

(1) *Alphabet de l'Art militaire* de Jean Montgeon, sieur du Haut-Puy de Fléac. Nouvelle édit. Angoulème, 1875.
C'est dans ce petit livre que se trouve le sonnet de Jacques de La Croix-Maron sur la mort du jeune baron du Chastellier au siège de Taillebourg dont nous avons parlé. L'auteur faisait partie d'une pléïade de poètes formés à l'école de Ronsard : leurs œuvres, aujourd'hui bien ignorées, n'étaient pas sans quelque valeur, comme l'a démontré M. Louis Audiat au sujet d'Antoine Mage de Fiefmelin, également poète saintongeais. La Croix-Maron était l'ami de la célèbre famille des Pasquier, nous dit le savant président de la société des Archives historiques de Saintonge et d'Aunis, dans son étude sur Nicolas

Sous le commandement exemplaire de tels caporaux, certains journaux que l'on cherche à introduire dans nos casernes, auraient peu de chance de faire des prosélytes en faveur de leur doctrine subversive.

Le 1er octobre 1806, Théophile de Bremond d'Ars écrit.

« Je suis sous-lieutenant !.. Hier, le général a nommé tous les élèves promus officiers : je suis du nombre et dans le 21e régiment de chasseurs à cheval. Mon régiment est à la Grande-Armée, et son dépôt est à Colmar où je vais immédiatement rejoindre.

Je vous annonce avec bien du chagrin, mon cher papa, que l'on ne nous permet pas d'aller chez nos parents, ni même à Paris, sous quelque prétexte que

Pasquier, fils d'Etienne : et, tout en commandant une compagnie de gens de pied, cultivait la muse avec un certain succès pour cette époque.

Voici donc les vers que lui inspira la fin héro.que de cet enfant de seize ans :

> CHASTELLIER qui avoit plus de valeur que d'aage,
> Voïant à Taillebourg entrer de toutes pars,
> Les ennemis tuant et forçant les rempars.
> Il desprisa la mort, sa furie et sa rage.
>
> D'un valeureux dessein, au milieu du carnage,
> Courageux il s'eslance, et comme un jeune Mars,
> Frappant et renversant, crioit : « A moi, soldats, !
> « A l'honneur, au combat, monstrons nostre courage ! »
>
> L'effort se faict plus grand, il est abandonné...
> Adonc les ennemis qui l'ont environné,
> Admirent la grandeur de son cœur indomptable.
> Son sang partout ruisselle. Alors, dans son drapeau,
> Il faict sa sépulture... Oh ! la mort honorable !
> Est-il plus beau mourir, ou plus riche tombeau ?

ce soit : nous serions cassés. On va nous faire conduire en poste à Strasbourg avec l'argent que l'on attend de nos parents. Le général Bellavène m'a donné l'ordre d'en faire venir de suite : nous ne partirions pas sans cela. Hector Le Veneur est nommé officier au 2ᵉ chasseurs à cheval et M de Caupenne dans le 1ᵉʳ régiment.

Le général Bellavène a eu la bonté de me présenter pour le corps que j'avais demandé ; autrement je pouvais être envoyé dans la Calabre ou la Dalmatie.

Je ferai le voyage avec des élèves qui sont de bons camarades ; Hector Le Veneur en sera, s'il est de retour de permission.

« Je craignais beaucoup d'être dans l'infanterie où mon cousin Le Veneur voulait me voir avec lui. Le général d'Hédouville devait nous faire alors entrer tous les deux dans le 59ᵉ régiment de ligne commandé par le colonel Dalton ; mais je préférais toujours la cavalerie. C'est pourquoi, mon cher papa, j'ai demandé le 21ᵉ chasseurs qui est dans la division du maréchal Davoust, en Allemagne. Le colonel se nomme Berruyer. J'ai choisi ce corps parce que je savais que deux places de sous-lieutenant étaient vacantes, car, autrement, je n'y connais personne. »

Bien que le brevet de sous-lieutenant fut du 23 septembre, le jeune et heureux officier dût rester à Fontainebleau et à Paris, jusqu'à ce qu'il ait reçu de ses parents la somme nécessaire pour les frais de son équipement. C'était un nouveau et très lourd sacrifice à cette époque où, l'argent était si rare, surtout dans les familles ruinées par la Révolution.

Mon grand-père avait écrit la lettre suivante au général Bellavesne pour lui exprimer ses sentiments de gratitude (1).

Monsieur le Général,

« Mon fils ne m'a pas laissé ignorer la bonté que vous aviez eue de le présenter au Ministre, pour l'arme et le régiment où il désiroit entrer ; agréez, je vous prie, ma sensibilité pour cette preuve d'intérêt : il en est pénétré comme moi.

Conformément à l'ordre que vous lui avez donné de faire venir l'argent nécessaire à son équipement, j'ai prié le général Müller, qui sera à Paris le 17 du courant, de lui remettre la somme de deux mille francs ; et j'ose espérer que, si les ordres de l'Empereur ne s'y opposent pas, vous voudrez bien permettre à mon fils d'aller saluer son parent et chercher les fonds que je lui envoie.

Dans le cas où la somme dont je parle seroit insuffisante à ce qu'exige le nouvel état de mon fils, je vous prie de m'en instruire : je ferais mes efforts pour y satisfaire autant que mes facultés me le permettront. »

(1) Jacques-Nicolas, baron Bellavesne, né à Verdun en 1770, général de brigade à la bataille de Rastadt en 1796, où il eut une jambe emportée par un boulet de canon. Il est mort Lieutenant-Général en 1826 ; son nom est inscrit sur l'arc de triomphe de l'Etoile. Le général Bellavesne est l'auteur d'un cours de mathématiques à l'usage des Ecoles militaires.

J'ai l'honneur d'être avec les sentiments les plus distingués, Monsieur le Général. votre très humble serviteur.

BREMOND D'ARS.

Saintes, le 13 octobre 1806.

Mon père ne partit de Fontainebleau que le 12 octobre et alla passer quelques jours à Paris chez ses parents Le Veneur de Tillières, rue de la Ville-L'Evêque. Il y rencontra l'abbé de Verdelin, ancien vicaire général de M⁣ᵍʳ de Nicolay, évêque de Cahors, auteur d'ouvrages de liturgie, vieillard fort instruit et très aimable, me disait mon père, et qui semblait heureux de voir le descendant des Verdelin de Saintonge. Il était très versé dans l'histoire de sa famille, et il y tenait d'autant plus qu'elle n'était plus représentée que par son neveu, fils unique du marquis de Verdelin et de Mᵐᵉ de Saint-Belin-Vaudemont. Ce jeune homme que mon père affectionnait beaucoup, est mort sans alliance en 1824, capitaine d'état-major, le dernier de son ancienne maison (1).

Théophile de Bremond tenta d'obtenir un congé de

(1) Auguste-Charles de Verdelin, fils de Jean-Charles. marquis de Verdelin Montégut, et de Charlotte-Hélène-Angélique de Saint-Belin Vaudemont. — François-Jacques, Abbé de Verdelin, était petit-fils de Philippe de Verdelin. baron de Montégut en Comminges, et d'Anne Cécile de Lasseran Massencome, fille du marquis de Montluc et de Marie d'Ornano. celle-ci petite-fille d'Alphonse d'Ornano, maréchal de France, mort en 1810.

V. LA CHESNAYE DES BOIS.

quelques jours pour aller embrasser ses parents à Saintes, mais toutes les démarches furent inutiles ; et le général Dembarrère déclara formellement à M. Gérard, cet ami de notre famille qui, à Paris, s'empressait constamment de s'employer dans toutes les petites négociations, déclara qu'il était même imprudent d'en faire la demande : le brevet du nouvel officier portant qu'il lui fallait être arrivé à Colmar le 31 octobre. Il ne partit donc que le 1er novembre avec l'un de ses meilleurs camarades, M. d'Escravayat de Labarrière, d'une famille d'Angoulème. Ils passèrent par Troyes, Bar-sur-Aube et Vesoul et n'arrivèrent à Colmar que le 6 novembre.

Il avait fallu tout ce temps-là pour ce trajet, regardé à cette époque comme un véritable voyage, lequel d'ailleurs lui coûta cent-cinquante francs. Aussi, mon père ne manquait-il pas d'écrire de chaque étape.

Il est reçu avec la plus grande bienveillance par le major Gaydon, commandant le dépôt qui, dès le lendemain, fit reconnaitre le nouveau sous-lieutenant. Mon père fait un long récit de ce premier début dans le 21e chasseurs.

.·.

Je vous disais, en commençant, mes chers Enfants, que mon père s'était attaché à son régiment comme à une véritable famille, c'est pourquoi l'Historique du 21e chasseurs, depuis 1806 jusqu'en 1814, vous fera connaître a vie de votre grand-père durant cette période de sa carrière : non seulement vous le suivrez dans ses campagnes, mais aussi dans sa vie privée, par la lecture de sa correspondance avec sa famille. Je ne reprendrai donc mon récit qu'au moment où il fut obligé de renoncer pour quelque temps au service actif, après la dislocation de son régiment.

Cependant, je vous dirai qu'avant de rejoindre les escadrons de guerre du 21e chasseurs, il ne fit qu'un assez court stage au dépôt de Colmar. Il lui fut nécessaire pour s'équiper complètement et se monter. Les chevaux étaient très rares et chers : à peine en comptait-on une douzaine à la remonte et dans le pays et encore vieux et mauvais. L'obligeant major le guida dans son choix. « Mon cheval n'est pas beau, écrit-il à son père, mais il est fort bon : il a cinq ans et demi, et m'a coûté vingt-trois louis. »

C'était, en effet, « d'une cherté horrible » pour la bourse du sous-lieutenant à qui ses parents n'avaient pu donner que mille écus. Son traitement était bien modeste : cent sept francs par mois. Il fait le détail de sa dépense : douze francs pour sa chambre, quarante-cinq francs pour sa pension, deux francs pour les domestiques, six francs à son chasseur, plus pour ferrer son cheval, pour les autres menues dépenses, « bref, disait il, il ne me reste que trente francs ».

Impossible, vous le voyez, de faire des économies : un manteau lui avait coûté cent écus. Son petit pécule devait être bien épuisé : et pourtant, à force de privations, il trouva moyen de prendre un maître de musique, un professeur d'allemand et d'aller dans la société, en attendant de rejoindre ses camarades au fond de l'Allemagne. Il ne tarda pas à partir, chargé de conduire en Pologne un détachement de cinquante recrues composé de pauvres Piémontais ; et ce fut au delà de Varsovie qu'il arriva enfin à l'endroit où était le colonel Berruyer qui lui fit le meilleur accueil, en le félicitant sur la tenue de son détachement : il lui dit d'aller aussitôt se réunir au 2ᵉ escadron aux avant-postes à Zébry-Piedziska, sur les bords de l'Omulew.

Mon père avait effectué ce long trajet à cheval en faisant quinze à dix-huit lieues par jour.

Le petit cheval de ving-trois louis était réellement très bon ; il me fait songer à celui que l'évêque de Grenoble donnait à son neveu, le jeune Bayard, pour aller guerroyer au service du duc de Savoie.

Jadis, au temps de la chevalerie, un cheval et son équipement étaient toute la fortune d'un cadet de famille.

Mon grand-père écrivait la lettre suivante au colonel Berruyer, commandant du 21ᵉ régiment de chasseurs :

Saintes, le 29 août 1807.

« Je vous dois, Monsieur, des remercîments et de la reconnaissance. Cette double dette est chère à mon cœur. Vous avez accueilli avec intérêt mon fils

qui n'avait aucuns droits personnels à vos bontés ; ma
sensibilité est égale à celle qu'elles lui inspirent, et déjà
je vous en aurais témoigné toute l'étendue, si j'eusse
reçu plus tôt la lettre qui m'apprend la joie qu'il a de
servir sous vos ordres. Mes vœux, lorsqu'il est entré
dans la carrière des armes, se bornaient à lui souhaiter
un chef dont il ambitionnait les suffrages et qu'il
s'honorât d'imiter. Ces vœux sont accomplis ; et
dans la profession qu'il a embrassée par un goût sou-
tenu dès l'enfance, mon fils sera heureux s'il obtient
votre amitié. Combien je le serais moi-même si vous
m'assuriez que sa conduite l'en rend digne, et si je
pouvais vous convaincre des sentiments d'estime que
vos procédés font naître dans l'âme d'un tendre père
et d'un homme d'honneur. J'ai celui d'être pour la vie
Monsieur, votre très humble serviteur ».

Bremond d'Ars.

*
* *

Je vous ai dit que mon père avait noté sur son carnet les noms de ses camarades de chambrée : il ne se
borna pas à cette courte nomenclature. Il releva la
liste générale des élèves admis à l'Ecole depuis sa
fondation, le 1ᵉʳ mai 1802, jusqu'au jour de sa sortie
(10 octobre 1806). Cette liste, qu'il tint constamment
à jour, toute sa vie, en indiquant les divers changements survenus dans la situation de ses anciens ca-

marades, comprenait 965 noms. Le premier admis par rang de date se nommait Roger Ducos, sous-lieutenant au 15ᵉ dragons ; le second, Coutausse, au 24ᵉ, puis lieutenant de grenadiers à cheval, tué en 1813 ; le troisième, Denis de Damrémont, sorti dans le 12ᵉ chasseurs, est le général en chef tué devant Constantine en 1837. Dans cette longue liste, on compte plus de cinquante généraux, trente-huit colonels, trente et un lieutenants-colonels, et un grand nombre d'officiers supérieurs.

Les familles les plus distinguées étaient représentées, et l'on conçoit qu'il était difficile d'obtenir quelque préférence parmi tant de sujets d'égale éducation et vocation. Mon père avait le nᵒ matricule 543, et l'on voit qu'il se trouva bientôt au rang des anciens, tant l'admission à cette école était sollicitée de toutes parts.

En 1841, les anciens élèves de Fontainebleau se réunirent dans un banquet sous la présidence de l'un d'eux, le général baron de Lascours. Le *Journal des Débats* du 23 mars rendit compte de cette fête où l'on évoqua de touchants souvenirs. Le lieutenant-général Cubières y prononça un discours, dans lequel il énuméra les glorieux services rendus depuis trente-huit ans par les premiers élèves de Fontainebleau qui avait déjà fourni plus de deux mille sous-lieutenants à l'infanterie et la cavalerie, quand, deux ans après, l'école militaire fut transportée à Saint-Cyr ; « officiers imberbes qui n'ayant pas encore reçu le baptême du feu, — dit l'auteur du compte-rendu — se trouvaient jetés tout-à-coup au milieu des vétérans de Sambre et Meuse, du Rhin, d'Italie et d'Egypte. Quoique cette mesure inattendue — la création d'une école militaire — blessât plus d'un amour propre et compromît plus d'un avenir, ces jeunes gens n'en trouvèrent pas moins dans ces vieux protégés de la victoire, des amis dévoués, des conseillers vrais et des soutiens fidèles. Ce qui prouve combien le besoin de s'instruire était alors compris de l'armée, et explique l'accueil bienveillant qu'ils en reçurent. »

*
* *

La Monarchie était rétablie depuis sept mois à peine, que Napoléon débarquait de l'ile d'Elbe, et la famille royale reprenait le chemin de l'exil. Elle ne revint que trois mois après. Durant cette période des Cent-Jours, la France fut, de nouveau, livrée à l'agitation la plus profonde, par suite de la conflagration générale de l'Europe en armes : son sort dépendait encore des hasards de la guerre. On vit alors à l'épreuve le dévouement des véritables patriotes, et la fidélité des sincères royalistes.

Au milieu des défections de tout genre, on peut néanmoins constater que le sentiment de l'honneur et du devoir n'était pas entièrement étouffé par l'égoïsme et l'ambition. Dans chaque province, des groupes importants d'hommes courageux se formèrent pour protester contre l'usurpation. Nos provinces de l'Ouest ne furent pas les dernières à donner ce noble exemple.

Mme la duchesse d'Angoulême, venue à Bordeaux, avait fait appel aux défenseurs de la royauté. Parmi les principaux personnages de marque qui s'y rendirent, je citerai particulièrement M. le marquis de Montmorency-Laval (1) accouru l'un des premiers auprès de Mme la Dauphine. Il s'arrêta d'abord à Saintes, chez mon grand-père, qu'il connaissait de longue date, et auquel l'unissait une communauté d'opinions politiques ; il pouvait ainsi se confier à sa loyale amitié. Mon grand-père avait également été le collègue, aux Etats-Généraux, du vicomte Mathieu de Montmorency, député de la noblesse de Montfort. Plus anciennement, mon grand-père avait aussi connu l'ancien Evêque de Metz, le cardinal de Montmorency-Laval, à l'époque où mes grand'tantes, la comtesse Suzanne et la comtesse Sophie étaient chanoinesses du chapitre de Saint-Louis. La marquise d'Ars, veuve du

---

(1) Eugène-Alexandre, marquis de Montmorency-Laval, puis duc de Laval, après la mort de son frère et de son neveu, né le 20 juillet 1773, fils d'Anne-Alexandre, duc de Laval, et de Marie-Louise de Montmorency Luxembourg, petit-fils du maréchal duc de Laval Montmorency, mort en 1798. Il émigra et servit à l'armée de Condé en qualité d'aide-de-camp du comte de Vioménil, depuis maréchal de France. Il était colonel de dragons en 1795; servit dans l'armée russe sous les ordres de M. de Vioménil; alla ensuite à Mittau auprès de Louis XVIII, rentra en France en 1801. En 1815, il favorisa le débarquement du duc d'Aumont sur les côtes de Normandie, et fut chargé de missions importantes. Il avait épousé Mlle de Bethune Sully, veuve du comte de Charost.

dernier marquis d'Ars, avait même des liens de parenté avec cette branche de son illustre maison, comme elle le rappelle dans son testament du 18 novembre 1780, où elle fait un legs à sa cousine Mme la marquise de Grave, sœur du cardinal et du maréchal duc de Laval, bisaïeul du marquis et du vicomte Mathieu de Montmorency. Mon grand-père avait voulu que ses fils accompagnassent M. de Montmorency dans ce très court trajet qu'ils avaient effectué l'année précédente, trajet alors difficile et périlleux. Les bataillons étrangers et les fédérés occupaient tout le pays, et les hardis voyageurs n'avaient pénétré dans la ville de Bordeaux qu'après avoir traversé la Gironde, à la faveur de la nuit, dans une simple barque de pêcheurs et sous les boulets et les bombes des Anglais embusqués sur les rives du fleuve ; encore furent-ils obligés de se tenir couchés au fond de leur frêle embarcation pour éviter une mort certaine ; et ils ne dûrent leur salut qu'à un hasard providentiel, et aussi, il faut le dire, à leur courageux sang-froid. Mon oncle Josias portait à M. le duc d'Angoulème l'avis d'un complot contre ses jours. M. le duc de Damas avait connu cet acte de dévouement et en avait exprimé ses félicitations à mon grand-père. (1)

Plus tard, M. de Montmorency rappelait souvent à mon père cet épisode de leur expédition, et le voyage

---

(1) Je trouve ces faits rappelés dans deux lettres adressées à M. de Montmorency et à M. le duc de Doudeauville.

de 1815 ; et il lui avait depuis, comme vous le verrez, voué la plus sincère et constante affection.

On sait quelle fut la suite des évènements de cette époque néfaste.

Les royalistes des deux arrondissements de Saintes et de Cognac n'attendirent pas que la royauté fut de nouveau restaurée pour former un corps de volontaires dans le dessein de se réunir à ceux de la Vendée.

Ils s'organisèrent définitivement à la fin de juin 1815, et mon père fut choisi par ses camarades pour commander les Volontaires Royaux de la Charente-Inférieure ; telle était la désignation de cette compagnie de chasseurs à cheval dont chacun n'avait pas hésité à faire de grands sacrifices pour s'équiper comme les troupes régulières (1).

Je n'entrerai pas dans de plus grands détails sur la formation de cette belle compagnie : mais je dois ajouter, mes chers Enfants, que votre grand-père montra de nouveau sa rare aptitude dans ce commandement, qu'il sut exercer avec autant de fermeté que de modération. Il le prouva dans maintes cir-

---

(1) La compagnie comprenait, outre un capitaine honoraire M. de Grailly, le capitaine commandant. M. Théophile de Bremond d'Ars, et trois lieutenants : MM. Louis de la Garde, de Bonnegens, de la Porte-Beaumont et de Saint-Légier de la Sausaye. Les maréchaux de logis étaient ; MM. de Thézac, de Mongaugé, Sapineau, Auguste de Saint-Légier et Huteau : les brigadiers : MM. de Saint-Mandé, d'Escoyeux, Gobeau, du Demaine, de Pindray, Léon de Sartre, Gonthier, de Sainte-Colombe et de La Cour. D'après le contrôle, les volontaires étaient au nombre de quatre-vingt-douze.

constances et notamment lors du passage à Saintes
de Joseph Bonaparte, l'ex-roi d'Espagne, qui se rendait à Rochefort pour voir son frère prêt à s'embarquer sur le *Bellérophon*. J'en ai fait un court récit
dans une Revue bien connue en Saintonge. (1).

La conduite des Volontaires Royaux, inspirée par
la sagesse et l'humanité fut incriminée par des gens
moins sensés et tolérants qui les accusèrent de con-
nivence avec les partisans du régime déchu. Mais la
compagnie tout entière protesta énergiquement, en
affirmant son absolu dévouement au roi et au pays,
par la lettre suivante, adressée au maire de la villle
de Saintes. On y fait allusion à l'esprit d'équité du
commandant qui ne voulait jamais recourir à des
violences inutiles.

« Monsieur le Maire,

« On répand le bruit injurieux à notre dévouement
« et à notre fidélité pour le Roi et l'Etat, que nous
« avons favorisé l'évasion de Joseph Bonaparte, re-
« connu sur la route, et remis pour ainsi dire, par
« l'un de nous, aux mains de la garde nationale, à son
« arrivée à Saintes, le 3 de ce mois. Cette calomnie
« de nos sentiments et de notre conduite nous force
« à une déclaration que nous n'avions pas d'abord
« jugée nécessaire. Citoyens faits pour donner l'ex-
« emple du respect dû à l'autorité, nous avions gardé

(1) *Revue de Saintonge et d'Aunis*, T. XXI, p. 440 et suivantes.

« le silence sur le parti qu'a pris le Conseil municipal
« de laisser le frère de Napoléon continuer son voya-
« ge. Mais quand ce silence peut être regardé comme
« l'aveu d'une complicité jugée coupable par l'opinion
« publique, le soin de notre honneur nous fait un de-
« voir d'apprendre à nos compatriotes qu'il a fallu
« toute notre déférence aux conseils d'une prudence
« respectable, pour renoncer au dessein formé et
« aux mesures prises par notre Compagnie pour sus-
« pendre le départ de Joseph Bonaparte, jusqu'à ce
« que l'on eût des ordres du Roi. Vous êtes trop
« juste, Monsieur le Maire, pour ne pas trouver
« telle cette déclaration et la publicité qu'elle doit
« avoir. »

Le Conseil municipal s'était, en effet, montré favorable au roi Joseph en l'escortant à son départ de la
ville. Peu de temps après, une fois le calme rétabli,
les officiers de la première compagnie des volontaires à cheval des deux départements de la Charente, croyant avoir quelques droits à une marque
de bienveillance et de gratitude de la part de
Louis XVIII, sollicitèrent la faveur d'être reconnus
dans leur grade pour entrer dans les régiments de la
Garde Royale, d'autant mieux que tous avaient servi.
Ils adressèrent leur pétition au maréchal comte de
Gouvion-Saint-Cyr, alors ministre de la guerre.

« Nous avons pris les armes — disaient-ils — pour
« comprimer dans nos foyers les ennemis du Roi et
« de la Patrie ; nous demandons à Sa Majesté de les

« porter encore et de faire partie de l'armée et de la
« Garde qui veillera sur ses jours précieux. Veuillez,
« Monseigneur, accueillir et mettre sous les yeux du
« prince l'expression de ce vœu formé par des cœurs
« pleins d'un zèle dont vous avez donné un si noble
« exemple ; c'est doublement à Votre Excellence qu'il
« appartient de faire valoir le dévouement fidèle que
« n'effraya jamais le danger. »

Ces honnêtes et braves volontaires se faisaient trop
d'illusions sur la reconnaissance : non seulement
leur demande ne fut point agréée, mais ils reçurent
brusquement l'ordre de se dissoudre. Le préfet de la
Charente-Inférieure, ancien conventionnel et régicide,
de concert avec un inspecteur des gardes nationales du
département, prit un arrêté pour effectuer cette disso-
lution dans un bref délai. A ce sujet, le commandant
de la compagnie échangea une correspondance assez
vive avec cet inspecteur par trop autoritaire.

Le marquis de Montmorency, nommé maréchal de
camp le 14 juin 1814, avait été chargé, après les Cent-
Jours de commander à Rennes, sous les ordres du vénérable comte de Vioménil, nommé gouverneur de
Bretagne bien qu'octogénaire, et d'inspecter les troupes
en garnison dans cette province et en Normandie. Déjà,
il avait appelé auprès de lui à Paris le capitaine de Bremond d'Ars ; et lorsqu'il l'eût fait remettre en activité
au 5ᵉ chasseurs à cheval, il s'empressa d'obtenir du
ministre actuel de la guerre, le maréchal duc de
Feltre, sa nomination comme son aide-de-camp.(12 décembre 1815).

Cette réintégration dans les cadres d'activité n'avait pas été sans difficulté, tant les vacances étaient rares et les demandes nombreuses de la part d'une foule d'officiers sans emploi par suite du licenciement de beaucoup de régiments. Il avait fallu toute l'influence de M. de Montmorency et celle de ses amis, entre autres le comte Jules de Polignac qui désirait que mon père entrât dans les cuirasssiers ; il l'avait présenté en ces termes à M. le comte d'Andlau :

« M. de Bremond d'Ars est un jeune officier de vingt-sept ans, capitaine dans les chasseurs à cheval d'Angoulême, mais qui n'a pas imité la mauvaise conduite de son régiment : il a servi la bonne cause dans ces derniers évènements.

« Mgr le duc d'Angoulême l'honore de sa bienveillance. Comme M. de Bremond d'Ars compte déjà plusieurs années de service, il remplira par conséquent le but que vous vous proposez d'avoir dans votre régiment des officiers capables. etc., »

Peu de jours auparavant, M. de Montmorency, qui avait les entrées à la Cour, avait tenu à mener lui-même son jeune ami aux Tuileries pour le présenter à Mgr le duc d'Angoulême et à Mme la duchesse d'Angoulême, comme nous le voyons dans sa correspondance.

De son côté, M. de Montmorency lui avait conseillé de ne pas changer d'arme et de rester dans les chasseurs, d'autant qu'il en avait eu la promesse de la part du colonel. Le général et son aide-de-camp ne tar-

dèrent pas à rejoindre à Rennes M. de Vioménil à
qui la marquise de Lage de Volude, cette amie si
constamment dévouée à nos parents, l'avait recommandé. Plus tard, elle félicitait mon père, dans une
longue lettre datée de Bordeaux.

« Je suis charmée, mon cher Théophile, — l'enfant de
mes plus chers amis me permettra cette expression
maternelle — je suis charmée que vous soyez sous
les ordres de M. de Vioménil, le Nestor de l'honneur
français, le brave, le loyal, le respectable maréchal de
Vioménil.

« Vous êtes trop jeune pour avoir l'idée de l'ancienne
France, de l'ancien honneur du militaire français : en
voilà un modèle. Voilà un de nos vrais chefs, et d'un
sang pur : voilà le caractère de nos anciens chevaliers.

Vous êtes trop heureux d'être envoyé à Rennes et
de pouvoir connaître celui qui a été également honoré
de la confiance et de la vénération de son roi et des
souverains étrangers. Je vous recommande à lui, en
répondant de vos sentiments. S'il connaissait monsieur votre père, je n'en aurais pas besoin, et même
votre nom suffirait, si notre abominable révolution
n'avait pas détruit toutes les traditions. Je vous préviens que vous avez parmi les préfets de nos provinces
de l'ouest un grand coquin qui a commis toutes les
infamies possibles par haine pour le Roi et pour
la Noblesse. Le maire de la ville de... est aussi le
plus hypocrite coquin que la terre ait porté : tous
deux ayant dressé, l'année passée, lors de l'entrée
des alliés, des listes de proscription ; etc. »

Cette vivacité de langage était bien permise à l'ancienne dame d'honneur de l'infortunée princesse de Lamballe.

M. de Montmorency n'eut qu'à se louer de son aide-de-camp il s'empressa de le témoigner à mon grand-père.

« Je ne veux pas tarder plus longtemps — écrivait-il, le 25 décembre — à vous exprimer ma satisfaction d'avoir enfin terminé l'affaire de M. votre fils ; et la Providence, il me semble, s'est manifestée, en cette circonstance, d'une manière toute particulière envers moi, et, je l'espère, envers M. votre fils, depuis ce qui m'était arrivé avec M. de Périgord, ne comptant plus rien dans ce siècle, excepté sur des choses positives et ayant les brevets en main. Je tenais à ne pas vous exprimer trop tôt cette satisfaction d'avoir auprès de moi, et attaché d'une manière intime, votre fils Théophile dont j'ai enfin le brevet depuis trois ou quatre jours. Son ami, M. de la Pommeraye, que j'ai eu le bonheur de faire placer dans notre état-major de cette division, m'a apporté tous les papiers en règle. J'en avais cependant bien l'assurance, puisque, d'après l'avis de notre admirable comte de Vioménil, je l'avais toujours emmené avec moi à Rennes. Il est donc en fonctions, et j'ai la douce satisfaction d'avoir avec moi, pour le service du Roi, le digne fils du plus loyal, vertueux et constant royaliste. Comme je ne suis pas complimenteur ni phraseur, je me bornerai à vous dire que j'ai tout lieu de me flatter que la suite des temps répondra au commencement ; que tout ce qui a eu des rapports avec lui, soit à Paris, soit en voyage, soit à Rennes, dans ma famille et de la part des étrangers, et surtout chez notre bon gouverneur où nous allons souvent, en un mot tout le monde me fait compliment du choix que j'avais fait. S'il y avait quelque chose à désirer, je vous l'avouerais avec franchise. Sous tous les rapports, religieux, moraux, de discrétion et de facilité de caractère, je n'ai qu'à vous en faire encore l'éloge. J'ai donc tout lieu de croire que nous nous entendrons parfaitement, que nous nous fortifierons réciproquement dans la route du bien. La Providence le ménageait en lui faisant, d'une manière inattendue, et dont j'étais tenté de me plaindre, manquer une place dans le régiment de M. de Périgord, etc.. »

Dans cette longue lettre, M. de Montmorency donne beaucoup de détails sur l'esprit de la population à Rennes, sur la composition de la garde nationale, etc., et termine par de nouvelles protestations d'amitié et de dévouement pour ses excellents amis de Saintonge.

A Rennes, mon père retrouvait un de ses anciens camarades, le capitaine de la Pommeraye, attaché à l'Etat-major qui avait pour chef le comte de la Porterie que mon grand-père et Mme de Lage connaissaient également. Peu après, M. de Montmorency appelait aussi près de lui son neveu, le prince Henri de Montmorency, fils de son frère Adrien, ambassadeur à

Madrid, jeune homme orné des plus rares qualités, avec qui l'aide-de-camp se lia de la plus étroite amitié, comme le prouve la correspondance qu'ils échangeaient quand l'un et l'autre s'absentaient de Rennes, se rendant mutuellement compte de tout ce qui pouvait les intéresser.

Les lettres de mon père à sa famille donnent un aperçu des nombreuses occupations et de la grande activité de son général qui ne cesse en toute occasion de louer son utile concours dans ses tournées et ses voyages à Paris où l'appelait souvent l'état de santé de Mme de Montmorency qui n'avait pu longtemps suivre son mari en Bretagne.

« Je ne veux pas laisser partir la lettre de M. votre fils écrit, de Vannes, M. de Montmorency à mon grand-père, le 2 février, sans vous y ajouter quelque mots, et vous assurer encore par moi-même de toute ma satisfaction à recevoir de vos nouvelles, et directement et par Théophile. Je ne puis vous dire assez de bien de lui, et du zèle comme de l'intelligence avec lesquels il s'acquitte de ses fonctions, en ce moment aussi importantes que multipliées. Je vous dirai en un mot, que je bénis la Providence de me l'avoir conservé et d'avoir permis qu'il n'entrât pas dans les cuirassiers, malgré l'espérance de succès certains ; et je ne laisse ignorer à personne combien il m'est utile, et plus encore à la cause du Roi qu'il sert de tout son cœur. Soyez assuré que je saurai bien le faire dédommager. En attendant, il a la plus douce de toutes les récompenses de son zèle et de sa capacité : c'est la confiance et l'estime de ses chefs et de toutes les personnes qui le connaissent. Il vous contera un jour toutes les peines ou plutôt tout le travail que nous avons ; mais au moins recevons-nous du gouverneur les compliments les plus flatteurs et honorables.. Nous vous envoyons des nouvelles ; elles sont désolantes : Je redouble chaque jour de fermeté et de bienveillance, ainsi que le gouverneur, etc. »

Ces nouvelles étaient, en effet, bien désolantes. Les complots s'ourdissaient de toutes parts, et la conspiration de Lyon venait d'être découverte : elle se rattachait à celle de Grenoble dont Didier était le chef. Les détails en sont bien connus. On a voulu en contester la gravité pour accuser le gouvernement de cruauté envers les coupables : c'est à tort. Dans cette même lettre, M. de Montmorency joignait la copie de quelques-unes récemment venues de Paris et où est dépeint l'état d'agitation générale dans l'armée que l'on cherchait à détourner de ses devoirs. La propagande était active et secrète. A Lyon, on devait d'abord, au moyen d'une machine infernale, pendant une cérémonie religieuse, assassiner les autorités, le préfet, le général de Damas, s'emparer des canons et soulever la population et les troupes, etc. Les ramifications du complot s'étendaient jusqu'à Paris où l'on eût tenté d'assassiner la famille royale.

A cette même époque, le général Travot était arrêté.

à Lorient et jugé à Rennes. Les commandants de province avaient donc une grande responsabilité pour maintenir l'ordre, surveiller et déjouer les intrigues des ennemis de l'Etat.

Au mois de juillet de cette année 1816, mon père, qui avait été fort malade par suite de ses anciennes blessures, fut obligé de prendre un congé de deux mois pour aller aux Eaux de Bagnères, congé accordé par le gouverneur qui avait également pris en affection le jeune officier, ainsi qu'il le lui témoigna en secondant plus tard ses démarches pour son avancement; et même dès le mois suivant (août 1816) de concert avec M. de Montmorency, le maréchal de Vioménil lui promettait de le présenter pour la croix de Saint-Louis et pour le grade de chef d'escadron (1).

Sur ces entrefaites, M. de Montmorency renonça à tout commandement actif, et revint à Paris et dans ses terres de Vendeuil et de Beauménil, détermination causée par l'état de santé de Mme de Montmorency, qui n'avait jamais pu s'accoutumer au climat de la Bretagne, même pendant ses rares séjours à Rennes. Mais il songea auparavant à faire donner à mon père

(1) Le 8 août 1816, M. le comte de Meulan, colonel, chef de la 2e division du ministère de la guerre, écrivait à M. de Montmorency :

« M. le marquis, le ministre a reçu la demande que vous lui avez adressée pour obtenir la croix de l'ordre royal et militaire de Saint-Louis, en faveur de M. de Bremond d'Ars, votre aide-de-camp. Son Excellence me charge de vous annoncer qu'Elle a décidé, le 21 mai dernier, que M. de Bremond d'Ars serait présenté au Roi le 1er janvier 1817 : etc... »

un autre emploi d'aide-de-camp, et choisit Grenoble pour qu'il fût auprès d'un général alors en grande faveur à la cour et dans tout le monde royaliste ; et lequel avait souvent eu l'occasion de le rencontrer à Paris et à l'hôtel de Béthune, rendez-vous des principaux hommes politiques de ce temps.

Le général vicomte Donnadieu, commandant de la 7ᵉ division militaire, était, en effet, très en vue par suite des récents événements dont Lyon et Grenoble avaient été le théâtre, et il était aussi l'un des rares officiers généraux qui, aux Cent-Jours, avaient accompagné Mᵐᵉ la duchesse d'Angoulême à Gand.

Nommé aide-de-camp par le maréchal duc de Feltre, le 16 novembre 1816, mon père se disposait donc à aller dans une ville où régnait la plus grande effervescence parmi les différents partis, surtout depuis l'exécution de Didier et de ses complices qui avait eu lieu cinq mois auparavant.

Les amis et protecteurs de votre grand père, mes chers Enfants, pensaient bien lui donner une place de faveur et fort enviée, en le faisant nommer aide-de-camp du général Donnadieu, regardé comme le sauveur de la monarchie ; c'était lui qui avait étouffé la conspiration dite de Grenoble, et poursuivi la condamnation de Didier et des principaux conjurés. Mais l'exécution du chef de ce complot — bien que peu intéressant par lui-même — avait soulevé toute l'opposition des partis hostiles aux Bourbons : et l'on était loin déjà de ces jours d'unanime allégresse où la nation acclamait le retour de ses anciens rois. Le général Donnadieu, ardent et ambitieux, n'était pas fait pour rétablir le calme dans les esprits. Tous ses efforts tendaient même à grossir les moindres évènements pour en justifier ensuite la trop sévère répression, comptant ainsi augmenter son importance et son crédit auprès du gouvernement : tandis que son impopularité compromettait souvent la cause qu'il prétendait servir avec tant de dévouement. Le général Donnadieu n'avait pas toujours été invariable dans ses opinions politiques : de là son peu d'influence et de considération, ainsi qu'il arrive aux néophytes et ralliés trop zélés pour le régime nouveau qui les accepte et les emploie.

Le nouvel aide-de-camp fut d'autant mieux accueilli par son général que celui-ci savait quelles étaient ses relations à Paris et même à Grenoble où mon père retrouverait plusieurs familles d'émigrés ayant connu mon grand-père et partagé ses longs jours d'infortune, entre autres le chevalier de Combremont, retiré chez lui avec le grade honoraire de colonel, et qui pouvait mieux que personne patronner le jeune officier, le fils de son ancien compagnon d'exil, en lui faisant connaître la véritable situation du pays : guide précieux pour suppléer dans le monde à l'inexpérience de la jeunesse (1).

(1) Voyez quelques extraits de la correspondance du chevalier de Combremont avec mon grand-père, page 91 de l'Historique du 21ᵉ chasseurs.

Le général Donnadieu s'empressa donc de confier à votre grand-père bien des missions importantes et délicates, non seulement dans son gouvernement militaire, mais encore à Lyon et à Paris, missions politiques que nous apprend une active correspondance, sans cependant en faire connaître l'objet et les détails particuliers ; le fidèle aide-de-camp de M. de Montmorency conservait les loyales traditions d'honneur, de discrétion et de prudence qui lui avaient été enseignées. Il serait fort inutile de donner un extrait de ces lettres du général Donnadieu relatives à des faits, aujourd'hui sans intérêt. Il en est de même de la correspondance de M. de Montmorency qui continua d'écrire à son ancien aide-de-camp. Elle ne serait pas la moins intéressante sur les évènements de cette époque, si nous en avions la clef. Par une précaution nécessaire en ce temps où le secret de la poste n'était guère assuré, — la forme et le mode de fermeture des lettres étant, on s'en souvient, des plus primitifs — on avait soin pour parler politique et se communiquer telles ou telles réflexions sur les personnages en vue, de se servir de chiffres et signes conventionnels dont nous n'avons point la traduction. M. de Montmorency était grand partisan de ce système. Impossible de comprendre des allusions aux faits et aux hommes du jour, et de deviner, par exemple, quel était le ministre 03 qui a reçu l'ambassadeur 45, lequel a dit au Roi où à tel prince, que 4 + 9 n'était plus possible, etc. Les signes algébriques viennent encore compliquer toute cette arithmétique épistolaire.

Le changement de mon père avait été concerté dès le mois de septembre avec le général Donnadieu pendant son séjourà Paris, et il n'attendit pas l'arrivée de son nouvel aide-de-camp, ni même sa nomination officielle pour lui confier plusieurs missions et le charger des lettres qu'il ne cessait d'écrire aux principaux chefs du parti royaliste et députés de la Chambre. Un journal de l'Isère venait sans doute d'attaquer le général : il ne pouvait manquer cette occasion d'appeler sur lui l'attention de la presse. Ce fut alors toute une série de billets, d'instructions, de notes pour que l'aide-de-camp fasse insérer la réponse de son général.

L'insertion du moindre article n'était pas aussi facilement accordée qu'aujourd'hui où l'on peut, en cas de refus, requérir ce droit par voie d'huissier ; on en jugera par les démarches multipliées de l'aide-de-camp.

« Remettez, je vous prie, la lettre ci-jointe à M. de Châteaubriand, lui écrivait le général Donnadieu. Je joins une copie de ce que j'ai adressé à la *Quotidienne*. Je doute que ce journal puisse l'insérer : j'en ai écrit hier au colonel de la Porterie : voyez cet officier. Adieu, je vous écrirai lorsqu'il sera temps que vous veniez me joindre. Dites à La Porterie de voir la duchesse d'Escars. Mille choses aimables au marquis de Montmorency. Voyez son cousin Mathieu s'il aurait quelque chose à me faire dire. »

P.-S. — Il ne faut pas insister pour faire mettre cette note dans le journal pour peu que l'on y trouve de la difficulté (1) ».

Ce premier billet de son général donnait déjà à son aide-de-camp l'idée de ce que seraient ses relations avec un chef toujours en éveil et d'un caractère aussi agité et fort souvent trop agressif.

Peu de jours après, autre billet très urgent :

« Insistez auprès de Michaud, propriétaire de la *Quotidienne*, pour qu'il mette ma note telle quelle, bien que je ne voudrais pas qu'il s'expose pour m'obliger.

« Portez de suite la lettre ci-jointe à M. le duc de Damas aux Tuileries, et ne manquez pas de la lui remettre vous même ».

Le lendemain, c'était encore l'affaire d'une autre insertion dans les journaux.

« J'espère que vous ne trouverez pas, cette fois, de difficulté à faire insérer dans le journal de Paris l'adresse de M. de Berthier à ses administrés. Je vous prie encore d'aller aux bureaux du *Moniteur*, du *Journal des Débats* et de la *Quotidienne* pour que cette adresse que vous trouverez dans le journal ci-joint, soit mise dans leur plus prochain numéro.

---

(1) La note, objet de tant de négociations, ne fut insérée dans aucun journal ; elle ne pouvait cependant compromettre personne, car elle était bien anodine en comparaison des articles de la presse actuelle. Mais le général la trouvait si violente qu'il priait son aide-de-camp d'en adoucir les termes. Il est vrai qu'il était toujours convaincu que son nom seul suffisait pour inspirer la terreur.

« Allez voir de ma part MM. de Corbière, de Vil-
lèle, de Mac-Carthy, tous les trois députés de la
Chambre, et leur témoignez mes regrets d'être parti
sans les avoir vus. Tâchez de vous entendre avec
M. de la Porterie. Vous pouvez avoir confiance en lui.
Voyez aussi le comte de la Bourdonnaye... »

« Demandez au duc de la Châtre s'il a reçu une
lettre de moi et vous m'instruirez immédiatement de
ce qu'il vous aura dit... »

Un autre jour, il charge son aide-de-camp de lui
acheter des chevaux qu'il pourra amener à Grenoble
avec les siens.

Mon père se disposait enfin à rejoindre son poste,
lorsque le général Donnadieu l'engagea de nouveau à
retarder son départ :

« ... Il est nécessaire que vous restiez encore à Paris
pour être au courant de tout ce qui se passe, chose
difficile à savoir par les journaux. Voyez souvent le
vicomte de Montmorency. Combien le sort de notre
triste patrie m'occupe, ainsi que celui de nos princes
contre lesquels on conspire. Des émissaires de toute
espèce parcourent les provinces, et rien n'égale l'in-
solence de la lie révolutionnaire. Il semble qu'ils
touchent au moment de son triomphe. Les misérables ne savent pas que, cette fois, ce n'est plus à
leur fureur que la France sera livrée, mais au joug
des étrangers ; mais ces coquins ont-ils une patrie,
ainsi que cette foule d'intrigants qui les exploitent
depuis tant d'années !...

« ... Restez donc à Paris jusqu'à ce que je vous écrive, à moins toutefois que vous ne préfériez partir. Mais préalablement, je vous prie d'aller demander les ordres de M. le vicomte de Montmorency et savoir si S. A. R. Madame n'aurait pas à m'en donner. Vous irez également chez le vicomte d'A-goult, chez le comte de Bruges, chez l'évêque d'Aurillac (M\ge^r de Latil), chez Châteaubriand, Mme la duchesse d'Escars, etc... »

Le fidèle aide-de-camp exécutait ponctuellement ce que lui commandait son général, comme en font foi les notes de son carnet de visites officielles, mais sur lesquelles il ne donne aucun détail, ni sur leur objet ni sur leur résultat.

Ce ne fut qu'à la fin de décembre que mon père eut le vif regret de se séparer de M. de Montmorency et du bon maréchal de Vioménil qui continuèrent, nous l'avons dit, à l'encourager et à le guider par leurs si précieux et affectueux conseils.

Le général Donnadieu s'empressa de se joindre à eux pour favoriser l'avancement de mon père, en appuyant, comme son chef hiérarchique, la demande faite pour lui du grade de chef d'escadron, grade qui lui assurait le rang de premier aide-de-camp.

Mais la nomination tarda plus de six mois (16 juillet 1817) ; et encore fallut-il l'intervention très puissante et souvent renouvelée de MM. de Vioménil et de Montmorency, puissamment secondés par M. le duc de Damas, Mme la duchesse de Richelieu et M. le vicomte Mathieu de Montmorency, tant les moindres faveurs étaient sollicitées de toutes parts, mais rarement accordées aux fils des anciens proscrits, revenus pauvres dans leur patrie, et, partant, sans grande influence politique.

A part quelques familles de l'ancienne cour, toujours comblées de faveurs héréditaires, la Restauration sembla tenir à l'écart celles des malheureux émigrés et des royalistes de la province, soit pour complaire aux hommes nouveaux, soit peut-être pour s'épargner un peu de reconnaissance, cette dette si lourde pour les égoïstes heureux ou parvenus.

« De quoi vous plaignez-vous, disait Henri IV à ses anciens compagnons d'Arques et d'Ivry ? Vous désiriez mon avènement au trône de France ? Vos vœux sont accomplis : je suis sûr de votre dévouement ; il me faut donc maintenant gagner mes ennemis. »

Les gentilshommes vivant retirés loin de la cour et des honneurs, acceptaient sans murmure cette froide maxime : et, à toutes les époques, ils n'en continuèrent pas moins de prodiguer leur sang et leur fortune, avec le plus entier désintéressement, au service des Princes qui, à leurs yeux, ne cessaient de représenter l'image de la France.

Mais il était à craindre que ce sentiment d'abnégation, incompris des générations nouvelles, ne vint à s'éteindre au souffle d'un individualisme désolant.

Cette amère pensée se devine dans toute la correspondance de nos bons vieux parents, justement préoccupés de l'avenir pour leurs enfants ; mon grand-père, après tant de sacrifices et de malheurs soufferts pour la bonne cause, avait fait l'expérience de cette triste vérité.

Au moment des dernières élections, M. de Montmorency avait beaucoup engagé mon grand-père à se présenter ; mais mon père qui connaissait bien l'esprit des électeurs. en avait déjà démontré la difficulté insurmontable. A cette occasion son père lui faisait les réflexions suivantes :

« Comme vous, mon cher fils, je ne puis me faire aucune illusion sur ce point, car tout s'y oppose, même le ministère. Les royalistes prétendus sont dupes des démocrates ; partout , cabale pour exclure les candidats appartenant à des familles nobles ; en effet, il n'y en a pas un seul dans les deux Charentes. A Angoulême, le préfet a montré « toute l'oreille » ; à l'instruction du ministre, il avait joint une notice finissant par ces mots : « Surtout, excluez de vos suffrages ces hommes toujours pleins de regrets du passé et ceux qui ne cessent de croire à des réclamations désormais dangereuses. etc.. » Les malveillants profitent de la cherté des blés pour inculquer au peuple les contes les plus absurdes que la gène momentanée lui fait adopter et croire avidement, et déversent tout leur fiel contre notre bon Roi. Nous autres, vrais serviteurs de cet excellent prince, nous faisons tous nos efforts pour contrebalancer ces menées scélérates : nous servons Louis XVIII en fidèles dévoués, malgré ses ministres ; et, pour récompense, nous entendons dire que les royalistes sont ses ennemis ! Nous voyons les honneurs et les places confiés à ceux qui le combattaient et servaient Napoléon, et le serviraient encore demain s'il reparaissait... cependant nous vivons de privations, et nos spoliateurs insolents rient de notre détresse... Mais, mon cher fils, nous voulons l'honneur entier du sacrifice et nous nous taisons '... Dieu est juste, il nous protégera (1) ».

La croix de Saint-Louis prodiguée aux fédérés des Cent-Jours et aux soldats de Waterloo était difficilement accordée aux sincères partisans de la monarchie. Proposé par le maréchal de Vioménil en 1816, mon père n'obtint cette distinction qu'en 1824.

Pour en revenir au grade de chef d'escadron, voici en quels termes M. le maréchal de Vioménil avait appuyé la proposition de M. de Montmorency :

« Tous les officiers généraux aux ordres de qui M. de Bremond d'Ars a servi pendant les dernières

(1) Avant de recevoir leur part dans l'indemnité accordée aux anciens émigrés dont les biens avaient été si injustement vendus par la Nation, mon grand-père et ma tante la chanoinesse avaient eu une modique pension sur la liste civile. A cette occasion, la comtesse Sophie écrivait à mon père : « Voilà donc l'heureux résultat de tant de renseignements demandés par les autorités, de tant de sacrifices faits par mon frère pour servir la bonne cause, de tant de dévouement ! Mille francs, tel est le dédommagement de la perte d'une fortune considérable avant la Révolution. Mon frère n'a vu dans la modicité du prix attaché à sa conduite, à ses services, qu'une insulte à son malheur ; et c'est pourquoi il a gardé le silence sur l'obtention de ce secours, prétendant qu'on en donnait autant à un garde-chasse. »

guerres, ont rendu de lui les témoignages les plus honorables. Je certifie aussi avec autant de vérité que de justice, que cet officier a montré beaucoup de dévouement et d'intelligence pendant tout le temps qu'il a été employé dans mon gouvernement. Ses blessures à la guerre, les services distingués qu'il a rendus et ceux qu'il peut rendre encore, m'engagent à prier Son Excellence le Ministre de la guerre, de lui accorder le grade de chef d'escadron que sollicite pour lui M. le marquis de Montmorency, et que je suis très sûr qu'il justifiera, en paix comme en guerre, par le zèle sans bornes dont il est animé pour remplir ses devoirs militaires. »

Le général comte du Coëtlosquet ajoutait :

« Le soussigné, major général de la garde royale, a connu particulièrement M. de Bremond d'Ars dans les campagnes de Pologne et d'Espagne, et dans lesquelles cet officier s'est particulièrement distingué. En Saintonge, pendant les Cent-Jours, ce brave et fidèle serviteur du Roi n'a cessé de donner des preuves de son dévouement, en organisant un corps de royalistes qui s'est joint aux Vendéens pour la défense des intérêts du Roi. Ce jeune homme jouit d'une considération bien méritée dans les départements de l'ouest ».

Mme de Richelieu, cousine de M. de Montmorency, en réponse à la lettre de remerciements que lui avait adressée le jeune chef d'escadron, lui écrivait le charmant billet suivant que je copie, comme un exemple de cette politesse et de ce style d'autrefois auxquels on n'est plus guère habitué.

« Je suis trop heureuse, Monsieur, d'avoir été choisie par M. le marquis de Montmorency pour faire accélérer une chose que vous méritiez autant d'obtenir. Mon faible crédit m'empêche de croire que c'est à moi que vous en devez le succès. Mais si le désir et le zèle que j'y ai mis doivent compter, à coup sûr, Monsieur, j'ai ce mérite et ne crois pas me l'ôter. »

Mais M. de Montmorency qui lui avait annoncé de suite sa nomination, s'étonnait de ne pas avoir de réponse.

« Je vous ai écrit plusieurs lettres, restées sans réponse ; êtes vous en tournée ? Je viens de voir notre ministre à qui j'ai été encore dans le cas de faire votre éloge, en lui parlant de ma satisfaction et de notre reconnaissance, ou plutôt de la vôtre pour ce qu'il vient de faire pour vous. Cela ne fera pas de mal pour l'avenir. Il n'a pas grand goût pour votre chef, mais il vous souhaite à tous le plus grand bien. Je lui ai encore expliqué l'histoire du premier aide-de-camp qu'il semblait mal savoir. J'ai écrit à monsieur votre père qui, lui aussi, ne m'a pas répondu. Je pars pour quinze jours, je vais en Normandie, etc... »

On voit que l'on commençait, au ministère, à ne pas approuver tous les actes du général Donnadieu. Néanmoins, on le regardait toujours comme l'un des soutiens nécessaires du gouvernement dans le Midi : et de son côté, le général menaçait souvent de donner sa démission lorsqu'on n'approuvait pas tous ses actes. C'est pour cela sans doute qu'en félicitant mon père de sa nomination, le vicomte Mathieu de Mont-morency ne manquait pas d'ajouter :

« Je désire que vous soyez satisfait de votre nou-velle position : l'excellent général auquel vous êtes attaché ne peut que vous la rendre agréable. »

Puis en post-scriptum :

« Je viens d'apprendre, à mon retour de la campagne, la confirmation de ce que je craignais déjà pour Gre-noble. Je suis désolé de cette démission : je le serais encore plus que ce mauvais exemple fût suivi. Dites bien à votre brave général qu'il faut tenir à son poste. Dites-lui aussi que j'ai gardé les papiers qu'il désire ravoir. A-t-il déjà profité de son congé pour Tours ? »

Il n'en était rien. C'était une fausse alerte : et le gé-néral n'eut pas de peine à revenir sur ses intentions, surtout en lisant le post-scriptum de la lettre à son aide-de-camp.

Mon père passa en Limousin en se rendant à Gre-noble pour voir ses parents du Masgelier. Mais hélas ! il ne retrouva plus son digne oncle le chevalier, mort le 26 avril 1816, âgé seulement de cinquante cinq ans, emporté par une très courte maladie. (1)

(1) Pierre-Charles-Auguste de Bremond d'Ars, vicomte de Bremond, marquis du Masgelier, seigneur du Fouilloux, etc., connu sous le nom de chevalier de Bremond, né à Saintes le 29 janvier 1761, eut pour parrain le marquis de Jonzac, son

Ce fut un grand chagrin pour toute la famille, et particulièrement pour mon père. Son excellent oncle l'aimait comme son fils et lui en avait donné de touchants témoignages dans toutes les circonstances. « Quiconque connait mon cœur — écrivait mon grand père — peut mesurer l'excès de mes souffrances. La seule consolation d'avoir perdu mon meilleur ami, est la certitude de son bonheur éternel dans un meilleur monde. Sa vie fut un exemple continuel de délicatesse et de bonnes œuvres, sa mort celle du sage chrétien. Bientôt, je t'adresserai, mon cher fils, le récit touchant des derniers moments de ton vénérable oncle. Cette scène si émouvante et si cruelle à la fois, est le plus digne, comme le plus vrai et le plus simple éloge du juste dont la mémoire sera éternelle dans notre maison, et sacrée pour vos descendants, tant qu'il se trouvera parmi eux des amis de la vertu. Aussi, était-il aimé et respecté de toute sa province : pauvres, riches, parents, voisins, enfants, serviteurs, tous déploraient une perte irréparable... »

M. le duc de Laval, père du marquis de Montmorency, qui habitait Paris, tomba subitement malade. Son fils annonce cette triste nouvelle à son ancien

parent. lieutenant-général des armées du roi, frère du maréchal d'Aubeterre. Il servit, dans sa jeunesse, comme lieutenant dans le régiment de Guienne-infanterie, jusqu'à son mariage avec sa cousine-germaine, Angélique de la Loüe : fut membre du Conseil général de la Creuse sous la Restauration. et mourut au château du Masgelier le 26 avril 1810.

aide-de-camp, et peu de jours après, lui fait part de l'issue fatale, ainsi qu'à mon grand-père qui connaissait M. de Laval de longue date ; d'abord, lorsque celui-ci, dans sa jeunesse, était à Saintes, officier dans le régiment de Berry-cavalerie, puis en émigration en Allemagne.

« La mort si prompte de mon pauvre père, écrit M. de Montmorency, et tout ce qu'entraîne la situation de ma chère compagne, sont pour moi un surcroît de peines. Mais que la volonté de Dieu soit faite ! et avec sa sainte grâce, j'en tirerai au moins quelque profit pour cette autre vie à laquelle celle-ci doit nous faire penser plus que jamais... » Dans une autre lettre, il parle de son chagrin, encore augmenté par la maladie de sa mère.

Bon chrétien, il ne pouvait être que bon fils.

Mon grand-père ne peut s'empêcher, à cette occasion, tout en prenant part au deuil de M. de Montmorency, de rappeler à mon père un ancien souvenir d'émigration relatif au duc de Laval, souvenir qu'il a consigné assez longuement dans son journal d'exil (mars 1795).

Le duc de Laval avait, à cette époque, levé un régiment de son nom à la solde de l'Angleterre, et destiné à former, avec six autres corps de troupes, le noyau d'une armée dans la Vendée. Ce régiment se trouvait alors dans la principauté de Waldeck, et cantonné à Pyrmont où mon grand-père venait d'arriver avec d'autres émigrés, obligés de quitter la Hollande.

Dans cette légion, les sous-officiers étaient presque tous des gentilshommes, anciens officiers avant la Révolution, et forcés d'accepter ce modeste emploi pour ne pas mourir de faim. Le colonel se croyant toujours à Versailles, et rigide observateur de l'étiquette, voulut, entre autres choses, que ces sous-officiers suivissent, pour le salut militaire, l'ordonnance de 1788. Cette mesure au moins inutile dans la circonstance, froissa l'amour-propre de ces infortunés proscrits, rendus égaux par le malheur. Bref, on s'entêta de part et d'autre, et le résultat fut que soixante-six de ces sous-officiers, sergents, fourriers, donnèrent leur démission Il s'ensuivit aussi de fâcheuses querelles. Mon grand-père eut le bonheur d'en apaiser plusieurs parmi ses compatriotes de Saintonge et d'Angoumois qui s'étaient engagés dans cette légion ; ils savaient qu'ils ne pouvaient choisir un plus sage arbitre pour sauvegarder l'honneur et leurs intérêts.

Le duc de Laval, d'une humeur altière, et demeuré toute sa vie étranger à l'adversité, n'avait jamais eu la simplicité et l'affabilité de ses enfants (1).

A l'arrivée de son nouvel aide-de-camp, le général Donnadieu lui avait donné d'abord des témoignages

(1) Le duc de Laval avait, dans sa jeunesse, fait les campagnes d'Amérique sous Rochambeau, et servi plus tard en Russie jusqu'en 1801. Il fut nommé lieutenant-général et pair de France en 1814. Il était né en 1747 et mourut âgé de soixante-dix ans.

de la plus grande confiance, en le chargeant, durant ses fréquentes tournées, de veiller aux affaires les plus importantes. Il est inutile d'entrer dans de longs détails sur le service de la division et sur les graves événements de l'année précédente, tel que le jugement à Lyon du général Mouton-Duvernet, etc., se reliant plus ou moins avec ce qui s'était passé à Grenoble. Les ramifications de ces conjurations s'étendaient fort loin dans tout le midi.

Mais mon père ne tarda pas à reconnaître que la situation était assez délicate avec un chef dont l'entourage flattait les idées de continuelle défiance, favorisant ainsi d'injustes dénonciations. Mon père, dont l'esprit impartial avait été promptement apprécié, fut souvent prié d'intervenir auprès du général Donnadieu, comme en font foi beaucoup de réclamations de la part d'officiers faussement accusés. Il n'en fallait pas davantage pour diminuer son crédit près de son chef, mécontent de ne pas voir approuver aveuglément des mesures de rigueur peu justifiées. Dès lors, mon père jugea qu'il lui serait difficile de se maintenir dans une situation peu sûre sous tant de rapports.

Il avait déjà confié à M. de Montmorency, son ancien général, combien les relations habituelles avec le général Donnadieu étaient gênantes, désagréables par l'exaltation de ses idées, la violence de son caractère et l'irréflexion de ses démarches, avec un chef qui n'avait aucune reconnaissance de l'intérêt que lui avait témoigné son subordonné pour pallier bien des fautes politiques. La séparation était devenue nécessaire, comme elle l'avait été avec tous ceux placés sous les ordres du général qui n'avait jamais pu vivre avec personne plus de six mois. Son second aide-de-camp, M. de Cabrières, venait de le quitter après une scène violente qui avait eu un fâcheux retentissement. Mon père, plus modéré, et après avoir réfléchi qu'il n'avait rien à gagner à demeurer plus longtemps avec un tel chef, et plutôt tout à perdre, en devenant, malgré lui, responsable de bien des actes blâmables, résolut de demander au ministre un congé de six mois pour retourner dans sa famille et prendre quelque repos. Il partit de Grenoble à la fin de décembre 1817, après avoir exprimé, dans une lettre respectueuse et courtoise, ses adieux à son général dont il n'avait cependant pas eu à se louer, et qui, plus tard, par dépit, chercha à le desservir auprès de ses amis. Ce fut en vain, car lui-même était devenu suspect à ses plus zélés partisans. Tous ceux qui connaissaient la loyale sincérité et la parfaite correction du jeune aide-de-camp, approuvèrent sa détermination, comme le témoigne la correspondance qu'il échangea après son départ avec M. de Montmorency, le marquis de Montcalm Gozon, le vicomte de Perthuis, le comte de Saint-Roman, le chevalier de Combremont, le comte d'Olonne, etc. Sa conduite, dans cette circonstance, lui mérita les éloges les plus flatteurs, et l'on admira la patience et la circonspection dont il avait fait preuve.

Trois ans après, le général du Coëtlosquet, appelé au commandement de la division à Grenoble, lui écrivait :

« ... On parle ici avec plaisir de vous, et alors, mon cher ami, moi j'en parle souvent. »

« Je puis vous assurer, lui écrivait de Paris, le 14 février 1818, le marquis de Montcalm-Gozon, que dans les bureaux du Ministère où je me suis renseigné, vos rapports avec le général Donnadieu n'ont causé aucune fâcheuse prévention contre vous. »

Le même, dans une lettre de Turin, du 10 juillet suivant, revenant sur la même affaire, disait encore à mon père :

« La chute du général Donnadieu est d'un mauvais effet pour notre opinion ; mais elle l'aurait été davantage pour vous, si elle était arrivée plus tôt ; car il eut été pénible d'être lié par le malheur et la délicatesse à un homme peu délicat envers vous. Je vous félicite d'avoir heureusement échappé à cette position, et que le hasard vous l'ait épargnée. Vous allez quitter la carrière des états-majors : n'en avez-vous nuls regrets ? Je ne le pense pas, surtout si je le juge par l'affection que vous vous attirerez dans tous les régiments où vous serez apprécié. Rappelez-vous quelquefois nos entretiens et nos promenades de Grenoble et nos réflexions sur tout ce qui se passe. Je vois par les gazettes que M. Donnadieu renouvelle ses prouesses de Vichy. Je lui souhaite toutes les aventures possibles... etc. (1).

(1) Charles-Amédée-Ant.-Joseph, marquis de Montcalm-Gozon, chevalier de la légion d'honneur, de Malte, des Saints Mau-

Mon grand-père comprit également les justes motifs de la détermination de son fils, et d'autant mieux que, d'après une nouvelle organisation de l'état-major, on devait supprimer les premiers aides-de-camp des lieutenants-généraux ; et plus tard, dans les lettres qu'il recevait de Grenoble, ses amis lui disaient : « Depuis le départ du général Donnadieu, la ville est enfin tranquille. »

Cet incident ne laissa pas cependant de causer quelques désagréments à mon père ; l'excellent marquis de Montmorency le comprenait : mais, dans sa grande piété, il l'engageait d'accepter tout avec la résignation du chrétien.

« Je regrette que vous ne soyez pas revenu par Paris en vous rendant à Saintes ; votre présence ici eût dissipé tous ces petits nuages que j'ai repoussés de mon mieux, en combattant certaines opinions sur votre compte, etc... Tout le monde a ses croix et nous avons tous besoin de recourir aux consolations de la religion pour endurer les misères et les injustices de cette vie. Me voilà moi-même réformé et mis à la demi-solde. Au ministère de la guerre, on ne veut plus me regarder que comme maréchal de camp ho-

rice et Lazare, etc., Officier supérieur, secrétaire d'ambassade, petit-fils de l'illustre défenseur de Québec et gendre du comte de Puységur, pair de France, n'a laissé qu'une fille, mariée à son cousin le marquis de Montcalm. Son autre cousin, le marquis Hippolyte de Montcalm, maréchal de camp, député sous la Restauration, qui avait épousé la sœur du duc de Richelieu, n'eut pas d'enfants. Le nom de Montcalm a été transmis depuis à la famille Barbeyrac de Saint-Maurice.

noraire, malgré mes quatre ans d'activité, parce que dans mon brevet il n'y a pas « pour jouir des émoluments attachés à ce grade... »

« Je regrette que vous ayiez quitté Grenoble au moment où les excellents missionnaires y arrivaient ; et s'ils y ont eu le même succès qu'à Arles, il y aurait lieu d'en bénir la Providence. J'espère que la mission de Saintes dont monsieur votre père ne m'a pas encore parlé, a laissé de durables impressions dans cette ville, etc...

« Reposez-vous bien vite, mon cher Théophile, car je n'ai pas l'idée que vous vous reposiez longtemps. Vous avez fait un apprentissage de plus du monde : il n'est pas plus sûr ni riant que la politique ! »

Peu après, le général Donnadieu était déplacé, puis destitué, l'année suivante (juin 1818), comme impliqué dans la conspiration, dite « du bord de l'eau ».

En 1820, il fut arrêté pour outrages envers le duc de Richelieu. Cependant, ayant été nommé député d'Arles, il joua encore un certain rôle à la Chambre. Grâce à M. le comte d'Artois, il obtint, en 1823, un commandement lors de la guerre d'Espagne ; son caractère fantasque et son insubordination le firent renvoyer par le maréchal Moncey. Mis à la retraite en 1830, le général Donnadieu chercha à diriger l'opposition faite au nouveau régime, mais ce fut en vain qu'il tenta d'en devenir le chef nécessaire.

Il s'était retiré à Courbevoie où il est mort en 1849, âgé de soixante-douze ans, avec la réputation d'un

ambitieux par trop personnel, et souvent compromettant pour la cause royaliste (1).

Mon père se reposa plus longtemps que ne le
pensait son ancien général toujours désireux de le
voir avancer dans sa carrière. Il ne reprit du service
actif que trois ans et demi plus tard. Dans cet intervalle, il se maria avec Mlle de Guitard, comme je l'ai
déjà dit. Cette union, préparée depuis plusieurs
années, rapprochait encore deux familles entre
lesquelles existaient des liens de parenté.

M. de Montmorency continua d'échanger avec mon
grand-père et mon père une correspondance où l'on
voit se dérouler les principaux événements de la Restauration ; le gouvernement était alors, sur toutes les
questions, en lutte avec la plus vive opposition.

M. de Montmorency, tout dévoué à la religion, s'in-

(1) Gabriel Donnadieu, né à Nîmes en 1777, partit comme
volontaire en 1792 : fit avec bravoure les campagnes de la République aux armées de la Vendée, de la Moselle, du Nord et
du Rhin, et fut grièvement blessé à la bataille d'Halsbach, en
1796 ; servit sous Moreau en Allemagne. Impliqué dans une
conspiration contre le premier consul, il fut détenu plusieurs
années au château de Lourdes. Rentré, en 1806, dans les
cadres de l'armée, il fit les guerres de Prusse, d'Espagne et de
Portugal ; fut fait baron en 1809, général de brigade en 1811. Il
conspira de nouveau contre Napoléon et fut interné à Tours.

A la rentrée des Bourbons, il est nommé lieutenant-général
et créé vicomte, et successivement grand-officier de la Légion
d'honneur et grand'croix de Saint-Louis. Il a publié plusieurs
mémoires, brochures et discours politiques et une volumineuse
correspondance avec les notabilités légitimistes de 1830 à 1849.

En 1837, le général Donnadieu fut condamné par la cour
d'assises pour injures envers le roi Louis-Philippe dans un
ouvrage intitulé la *Vieille Europe*.

quiétait particulièrement des négociations entamées avec Rome au sujet de ce que l'on appelait le Concordat de 1816. Dans la plupart de ses lettres, il manifeste ses craintes et ses espérances sur cette grave question. D'après ce concordat, on tentait de rétablir plusieurs évêchés supprimés par le Concordat de 1804.

Mon grand-père, si profondément attaché à son pays natal, n'avait pas manqué cette occasion de rappeler les vœux constants des habitants de Saintes de voir donner un successeur à Louis de La Rochefauld Bayers, le dernier évêque, mort, comme son glorieux prédécesseur saint Eutrope, martyr de sa foi. Il y avait naturellement intéressé M. de Montmorency dont l'influence était grande par ses relations à la cour de Rome et par son frère, le duc de Laval (Adrien de Montmorency) ambassadeur à Madrid.

Le 8 mars 1818, M. de Montmorency écrivait :

« On croit les affaires du concordat plus reculées que jamais ; du moins c'est l'inquiétude de personnes bien informées. Le rapporteur n'est pas encore nommé. On parlait de retrancher quatorze évêchés de la dernière liste. Que la volonté de Dieu soit faite en toutes choses ! Le Père Enfantin que connaît M. votre père, est à Nîmes, où son zèle apostolique est bien récompensé par le succès. Les fruits de la mission de Saintes se soutiennent-ils ? Nous sommes dans un temps favorable pour réparer les fautes du passé et prendre patience pour le présent, avec de meilleures résolutions pour l'avenir. Je suis toujours fâché que vous ayiez quitté Grenoble au moment où cette ville allait recevoir de la miséricorde de Dieu tant de faveurs et grâces signalées, puisque la mission y a fait de véritables prodiges. Mais enfin, au milieu de votre famille, vous êtes à même de puiser de grands exemples et de grandes consolations qui dédommagent des misères du monde. Ma chère malade a eu quelques courts instants de mieux ces jours-ci : cela me donne une espérance de plus pour la guérison ; mais c'est un état toujours bien triste. Peut-être vers la fin d'avril ou mai, serai-je forcé de retourner à Poyanne (1), et vos admirables et aimables parents ne peuvent douter qu'ils influeront beaucoup pour me faire prendre ma route par Saintes. M. de Cabrières est venu me trouver de votre part... etc. »

M. de Cabrières écrivait quelques jours après à son ancien camarade de Grenoble pour lui dire sa déception de n'avoir pu rien terminer de ses affaires personnelles dans les bureaux du ministère, et lui exprimer de nou-

---

(1) La terre et le beau château de Poyanne, arrondissement de Dax, appartenaient à Mme de Montmorency, et lui venaient de sa mère, Mlle de Beylens, fille de Bernard de Baylens, marquis de Poyanne, chevalier des ordres du Roi, lieutenant-général, etc., mariée en 1767 à Maximilien de Béthune, duc de Sully, prince d'Henrichemont. La sœur de la duchesse de Sully avait épousé Hélie de Talleyrand, prince de Chalais, pair de France. M. de Montmorency parle souvent de la tante de sa femme.

veau tout son mécontentement contre le général Donnadieu (1).

Quelques mois auparavant, M. de Montmorency
avait passé plusieurs jours à Saintes en se rendant
en Espagne pour voir son frère, alors ambassadeur
auprès du roi Ferdinand VII. Il l'écrit à mon père en
lui exprimant le regret de ne l'avoir pas rencontré
chez ses parents, car il l'eut emmené à Madrid.

Durant son séjour chez mon grand-père avec l'abbé
Enfantin, célèbre missionnaire qui l'accompagnait,
M. de Montmorency s'était encore occupé de la question de l'évêché de Saintes, question qu'il avait réellement prise à cœur. Mon grand-père et ma grand'-
mère en parlent fort au long dans une lettre à leur fils.

M. de Montmorency, en venant de Paris, avait
également voulu passer par Fontenay-le-Comte où
son neveu, le prince Henri, capitaine dans les chasseurs du Morbihan, était en garnison, après avoir
quitté Rennes, et où, comme nous l'avons vu, il avait
été attaché à l'état-major du général comte O'Mahony.

Ce jeune homme, destiné à parcourir la plus brillante carrière, voyait déjà l'avenir s'assombrir. Sa
santé lui en donnait le triste pressentiment. Dans ses
lettres à son ancien camarade, il exprime souvent les
regrets de ne plus être en Bretagne, rappelant les

(1) Anatole de Roverié de Cabrières appartenait à une famille de Nismes, représentée aujourd'hui par M. le marquis
de Cabrières et son frère, Mgr de Cabrières, évêque de Montpellier.

agréments que la ville de Rennes, par sa nombreuse société, offrait aux jeunes officiers, notamment les fêtes présidées par Mme la marquise de la Tour du Pin Montauban, fille de M. le maréchal de Vioménil.

Mais bientôt il lui fallut presque renoncer à la vie trop active du régiment, en prenant de fréquents congés, et aller enfin demander au climat de l'Italie un remède rarement efficace quand le principe de vie est atteint. L'intéressant malade s'éteignait à l'âge de vingt-quatre ans à peine, le 7 août 1819, à Ischia, près de Naples, emportant dans la tombe les grandes et justes espérances de son illustre famille. (1)

Cette mort si prématurée de son noble et jeune ami affecta vivement mon père à qui j'en ai souvent entendu parler. L'oncle du prince Henri en exprimait sa profonde douleur dans sa correspondance, et il ajoutait dans une autre lettre :

« Mon pauvre frère m'est arrivé bien changé, bien

(1) Guy-Anne-Marie-Louis-Henri-Adalric de Montmorency, prince de Laval, fils d'Adrien, duc de Laval et de Fernando-Luis, grand d'Espagne, chevalier des ordres du Roi et de la Toison d'or, pair de France, etc., et de Bonne de Montmorency-Luxembourg, naquit à Paderborn en Westphalie, le 13 janvier 1796, chevalier de Malte en 1814, ainsi que quatre autres de ses parents. Il débuta dans la carrière des armes comme surnuméraire des douze dans les gardes du corps. Plus tard le prince Henri de Montmorency fut transporté de Naples à Paris où il fut inhumé au tombeau de sa famille, le 31 mai 1822. Sa sœur aînée, Mme la duchesse de Lévis Mirepoix, donna le portrait de son jeune frère à mon père, en souvenir de l'amitié qu'il lui avait toujours conservée.

(Note communiquée par M. le duc de Lévis Mirepoix, son petit-neveu.)

malheureux, bien à plaindre ! Il retournera bientôt, je crois, à son poste. Ce pauvre et cher Henri ! vous y pensez bien souvent , mon cher Bremond, je n'en doute pas ? Ah ! quelle leçon terrible pour nous tous, sur la brièveté de la vie, sur les calculs humains et de famille ! Qu'est-ce que l'homme sur cette terre ! Priez bien tous pour lui... Il a eu le bonheur de se confesser la veille de sa mort qui a été si rapide, si inattendue... Mais, dans la religion, nous trouvons une mine inépuisable de consolations et d'espérances. »

C'était bien le cas de réfléchir sur le néant des calculs humains et de famille. Qui aurait pu prévoir que la maison de Montmorency, alors dans toute sa splendeur neuf fois séculaire , et dont les quatre branches ducales, à cette époque, réunissaient à la richesse les honneurs et les plus hautes dignités du royaume, serait, cinquante ans plus tard, entièrement éteinte ?

L'année suivante, les royalistes et l'on peut dire la France entière, voyaient avec stupeur la sécurité de la monarchie profondément atteinte par l'assassinat de M. le duc de Berry, prince dévoué à l'armée dont il avait su gagner les sympathies. Mon père recevait de M. de Montmorency les quelques lignes suivantes tracées à la hâte après ce terrible événement :

« J'ai été souffrant avant la réception de votre lettre et le suis encore davantage, tant l'horrible catastrophe qui glace tous les esprits et les cœurs français m'a bouleversé. Les événements d'Angleterre et d'Espagne ne sont que l'accompagnement de ce mal-

heur pour toute l'Europe. Je n'ai que des choses tristes
à vous mander. Ma chère malade, plutôt mieux sans
être encore bien, absorbe mon temps. Ah ! que votre
respectable père a du souffrir et gémir de tout ce qui
vient de se passer et se passe encore ? Espérons que
cet événement en Angleterre achèvera ou commen-
cera au moins de faire ouvrir les yeux de nos tristes
politiques si aveugles jusqu'à ce jour. La mort de
Mgr le duc de Berry a été accompagnée de circonstances si touchantes en fait de sentiments de foi, de
piété, de courage, que l'on apprend, chaque jour, de
nouvelles et véritables conversions ; entre autres
celle du médecin chirurgien Dupuytren. Quelles leçons pour tous ! Profitons en donc ; prions plus que
jamais. J'espère aussi plus que jamais d'après de si
grandes preuves de la miséricorde divine au milieu
du cours de ses justices... »

Dans une autre lettre, M. de Montmorency revient
encore sur les douloureuses et graves conséquences de
ce crime.

Mon père avait lieu de regretter personnellement
cet infortuné prince qui lui avait plusieurs fois témoigné une véritable bienveillance, et qui, peu de
temps auparavant, s'intéressait aux démarches faites
en sa faveur pour lui obtenir la récompense de ses
services militaires.

Théophile de Bremond d'Ars avait été proposé cinq
fois pour la croix de la légion d'honneur, et entre
autres, après la bataille d'Albuera où il eut le bras fra-

cassé par une balle, et fut mis à l'ordre du jour ; après le combat d'Aracena, où il fut de nouveau grièvement blessé en poursuivant l'ennemi : et dans les dernières années de la guerre, après le combat d'Orthez où son escadron, surpris dans un ravin par l'armée anglaise, fut presque entièrement écrasé sous le feu de l'ennemi. Mon père eut son cheval tué sous lui : et, après une lutte désespérée dans cette lutte inégale, il ne put ramener que huit chasseurs qui s'étaient, comme leur officier, héroïquement défendus jusqu'à la dernière extrémité.

Il avait été de nouveau proposé par le maréchal Soult pour s'être distingué à la bataille de Toulouse. Mais toutes ces propositions, si bien justifiées, n'avaient encore eu aucune suite. Ce ne fut que le 1er mai 1821, à l'occasion du baptême de M. le duc de Bordeaux, que justice fut enfin rendue au vaillant officier. C'était un peu tardivement. Cependant, dans le diplôme de mon père, signé du maréchal Macdonald, le 17 avril, on ajouta cette mention particulière : « pour prendre rang dans la légion à compter du 17 mars 1815. » (1).

(1) On a souvent reproché aux divers gouvernements d'avoir prodigué les décorations : ce n'était pas le cas pour ce qui regardait l'ancienne armée ; mais les faveurs de ce genre furent, en effet, distribuées avec une véritable profusion dans cette circonstance. On peut s'en faire une idée en disant que, dans l'ordre de Saint-Louis, on nomma six grand'croix et vingt-cinq commandeurs : et dans la Légion d'honneur : six grand'-croix, quinze grands-officiers et soixante commandeurs : on peut juger d'après cela ce que fut le nombre des officiers

*
* *

Pendant son séjour à Grenoble, M. de Montmorency qui ne cessait de veiller à la carrière comme à l'avenir du fils de ses amis de Saintonge, avait voulu lui ménager dans cette ville une alliance fort avantageuse, projet auquel il ne fut point donné suite, de même qu'à un autre semblable formé en même temps en Limousin par nos parents du Masgelier. Le jeune officier ne voulut jamais s'y prêter sérieusement, car il avait déjà songé à une autre union. Sa tante, la comtesse Sophie, par une lettre du 11 octobre 1820, en informait ainsi sa belle-sœur, la vicomtesse de Bremond, qui voulait le marier avec l'une de ses parentes :

« Théophile est retenu ici, depuis cet été, par un intérêt de cœur. La jeune personne à laquelle il rend des soins, est fort intéressante : elle a le suffrage de tous ceux qui la connaissent. Sans être très jolie, elle a une figure qui plaît, un très bon ton et l'air fort noble. Elle est fille unique, n'a point de mère. Son père qui n'a que quarante-deux ans, ne voudrait la marier que lorsqu'elle aura atteint sa majorité, c'est-à-dire dans dix-huit mois : ce qui contrarie beaucoup notre cher enfant : il voudrait pouvoir hâter l'époque qu'il espère être celle de son bonheur. »

et chevaliers. C'est donc avec justes raisons que maintenant on limite le nombre des décorations à donner chaque année. Mais cette règle n'empêche point que les choix ne soient pas toujours irréprochables.

Ma bonne et royaliste grand'tante ajoutait :

« Remercions Dieu de tout notre cœur, ma chère sœur, d'avoir exaucé nos prières, et demandons-lui encore la conservation de ce jeune prince (le duc de Bordeaux), rejeton si précieux pour les fidèles amis des Bourbons. Nous avons illuminé plusieurs fois à l'occasion de cette heureuse naissance. »

Le 23 mai 1821, M. de Montmorency, au moment d'aller à Courteille, chez Mme de Richelieu, et de se rendre à Beauménil, s'empressait de lui écrire :

« Je n'ai que le temps de vous donner une nouvelle preuve que je ne vous oublie pas et ne néglige rien pour seconder l'accomplissement de vos vœux. Mais, dans ce siècle, il faut attendre avec patience : entre promettre et tenir, l'intervalle est souvent immense. Il est toujours bon que vous sachiez que, samedi dernier, et pour vous, je me rendis au cercle du ministre de la guerre ; il vint tout de suite à moi en me disant : « Eh bien ! je n'ai pas encore pu faire ce que je voulais pour M. de Bremond d'Ars ; dites-le à Mme de Richelieu chez qui vous allez, mais ce n'est que différé et pour l'avancement et pour la croix de Saint-Louis. » Ah ! répliquai-je, il est triste de voir un jeune et très bon officier en non activité, et il serait temps de le traiter plus favorablement, » et je lui annonçai votre prochain mariage. Faites en sorte que Mme de Simiane rappelle cette promesse à M. de la Tour Maubourg. Le maréchal de Vioménil est parti pour la campagne et a dû vous complimenter sur votre prochaine union. Le jour en est-il fixé ? donnez-moi des nouvelles de votre admirable et respectable famille. Dites-lui que ma femme continue à se mieux porter ; que Courteille et Beauménil où nous devons passer plusieurs mois achèveront de la rétablir etc. »

M. de la Tour Maubourg qui connaissait de longue date mon père et surtout mon grand-père, l'un des anciens habitués de la colonie de Wittmold, ne pouvait guère s'engager davantage, malgré toute sa bonne volonté à leur égard. Déjà, les ministres étaient obligés de compter avec les exigences et les influences parlementaires, et ma famille, mes chers Enfants, n'était pas à ménager, comme les familles des ralliés de cette époque, anciens sénateurs, conventionnels même, dont il fallait encourager le dévouement de fraîche date, au détriment des anciens et fidèles amis de la royauté. Cependant, M. de la Tour Maubourg avait obtenu que la nomination de chevalier de la Légion d'honneur de Théophile de Bremond d'Ars, bien que datée du 17 avril 1821, aurait un effet rétroactif de six années.

**

La jeune personne que Théophile de Bremond d'Ars avait particulièrement distinguée depuis long-temps et dont parlait sa tante, était Mlle de Guitard, fille unique de M. le chevalier de Guitard et petite-fille du comte de Guitard de la Borie, que j'ai déjà mentionné. Elle n'avait que cinq ans lorsqu'elle perdit

sa mère, Mᵘ de Beauregard. également fille unique du
général de Beauregard, chevalier de Saint-Louis, maréchal de camp sous Louis XVI. mort général de
division sous le consulat, et de Mᵘ de Sarps d'Ar-
rach, filleule de Mᵐᵉ Louise de France

Son père, retiré dans sa propriété du Cormier, près
de Saintes, n'avait jamais voulu se remarier pour se
consacrer entièrement à l'éducation de sa fille ; ce qui
explique pourquoi il retardait le plus possible le
moment de s'en séparer.

Deux courtes notices ont été consacrées aux Guitard de Ribérolle dans la *Revue de Saintonge et d'Aunis*, à l'occasion de la mort de M. François-Albert
de Guitard, baron de Ribérolle, décédé à Paris, le
9 août 1898, le dernier représentant mâle de son nom,
ne laissant qu'une fille de son mariage avec Mᵘᵉ
Yvonne Normand, fille du baron Frédéric Normand,
commandeur de la Légion d'honneur, ancien directeur général au ministère de l'intérieur, petit-fils du
général baron Normand, tué en 1812. au combat de
Bautzen, et nièce de votre mère (1).

C'est à tort que l'on croyait le chevalier de Guitard,
mon grand-père, issu de Charles Guitard, qui fut sé-
néchal de Saintonge pendant quarante-deux ans et
servit sous six rois, de Francois Iᵉʳ à Henri IV, se
retira du monde et fut doyen du chapitre de Saintes,
après son frère Louis, également doyen de ce chapitre.

(1) *Revue de Saintonge et d'Aunis*. t. XVIII, p. 358. et t. XIX.
p. 32 et suivantes.

et inhumés dans la cathédrale de Saint-Pierre. Charles n'avait eu qu'un fils, Jacques Guitard, écuyer, seigneur des Brousses, conseiller d'Etat, lieutenant-général et président du présidial, le fondateur du collège de Saintes et d'un hôpital pour les malades, qui ne laissa point de postérité. Ils appartenaient à une branche cadette séparée de la souche commune dès la fin du XVe siècle, et étaient frères de Catherine de Guitard, élue, en 1586, abbesse de Saint-Ausone d'Angoulême, à la mort de Barbe de Saint-Gelais.

C'est le père du comte Jean-Louis de Guitard de La Borie, brigadier des armées navales du roi, Jean de Guitard, lieutenant de vaisseau, tué dans un combat naval, — fils puîné de Jean-Louis, baron de Ribérolle en Angoumois, ancien page du roi, et de Suzanne Desmier de Saint-Simon d'Archiac, — qui s'était établi en Saintonge, par son mariage, en 1730, avec l'une des filles de messire Jean-Baptiste Huot, chevalier de Saint-Louis, capitaine au régiment de Champagne, ingénieur-directeur au port de Rochefort, d'une ancienne famille de Franche-Comté (1).

Le généalogiste Lainé cite, comme le premier auteur connu de cette famille, Etienne Guitard, vivant à la fin du XIe siècle, et mentionné dans le cartulaire de l'abbaye du Vigeois en Limousin en

____

(1) Voyez P. RAINGUET : *Biographie Saintongeaise* ; — H. FEUILLERET et L. DE RICHEMOND : *Biographie de la Charente-Inférieure* ; — L. AUDIAT : *Epigraphie Santone* ; — NADAUD et LECLER : *Nobiliaire du Limousin*, etc.

l'année 1102. — Pierre et Aimery Guitard firent
partie de la seconde croisade : ils étaient à Jérusalem le 11 février 1156, date du serment qu'ils prêtent
au Saint-Sépulcre, conjointement avec plusieurs
autres chevaliers de la Marche et du Limousin, Bernard de Périgord, Guillaume de La Fargue, Hélie
de Millac, Géraud de Lambertye, Hélie de Bourdeille,
etc. (1)

La filiation suivie, établie sur titres. aux archives
du château de Ribérolle, commence à Mathieu Guitard,
valet, (*Matheus Guitardi, valetus*), marié à Guillelmine
de La Mothe, sœur de Guillaume (des seigneurs de
Langon), et nièce d'Hervé, sire de Ruffec, qui, par
son testament de 1290, lui donne l'hébergement d'Empuré, et lègue la seigneurie de Ruffec, l'une des plus
considérables de l'Angoumois, au dit Guillaume de La
Mothe. La femme de Mathieu Guitard était proche
parente d'Amanieu de La Mothe, sire de Langon, mari
d'Hélis de Goth, sœur du pape Clément V, alliance qui
fut une source de faveurs : car on sait que Bertrand
de Goth en fut très prodigue envers tous ses parents
et alliés. Il maria son neveu, Bertrand de La Mothe,
à Géraude d'Albret ; Gailhard de La Mothe, son autre
neveu, fut cardinal : Amanieu de La Mothe, archevêque
de Bordeaux, Guillaume de La Mothe, évêque de Saintes
en 1313, etc., sans compter les autres dignitaires de
l'Eglise ; l'énumération en serait assez curieuse. D'ail-

(1) *Cartulaire du Saint-Sépulcre.*

leurs, les autres papes français suivirent le même
exemple.

C'est évidemment à cette affinité que Guillaume
Guitard, qualifié par le *Gallia Christiana*, « *concionator
celeberrimus* » — frère de Hugues Guitard, chevalier,
seigneur d'Empuré, marié à Charlotte Vigier, — d'a-
bord abbé de Saint-Taurin d'Evreux, dut d'être ensuite évêque de Saint-Paul-Trois-Châteaux, puis
transféré à Lisieux en 1349. Ce prélat fortifia sa ville
épiscopale, mais il ne put résister à l'invasion anglaise : il se réfugia à Avignon et périt dans un incen-
die en 1358.

Son neveu, Jean Guitard, successivement évêque
d'Aix, nonce apostolique en Castille (1391), fut évêque
de Lisbonne en 1393. Vers la même époque — 1373 —
Arnaud Guitard, chevalier de Saint-Jean-de-Jérusalem, était commandeur à Rhodes ; Jean de Guitard
fut reçu chevalier de Rhodes en 1506.

François de Guitard, chevalier, seigneur de La Borie
et baron de Ribérolle, trisaïeul de M. le chevalier de
Guitard, avait épousé, le 20 octobre 1641, Marie de
Volvire Ruffec, fille de Charles, baron d'Aunac, et de
Jeanne Bouchard d'Aubeterre qui lui apporta de
belles alliances. Celle-ci avait pour aïeul Jean Bouchard d'Aubeterre, marié en 1539 à Françoise Hamon,
fille de François Hamon, vice-amiral de Bretagne,
tué à la bataille de Revanne, et de Renée de Surgères.
l'une des dernières héritières de la branche aînée des
sires de Surgères, seigneurs de Dampierre sur-Bou-

tonne, de Migré, de la Flocellière, etc., éteinte dans la maison de Clermont.

Dans le jugement de maintenue rendu, le 30 octobre 1666, en faveur de Louis de Guitard, seigneur du Chambon, de Pierre de Guitard, seigneur de Mont-joffre, et de François de Guitard, seigneur de La Borie, chefs des trois branches principales de cette famille, Henri d'Aguesseau déclare « que la généalogie que les dits Guitard ont articulée est des mieux établies, et leur noblesse justifiée depuis un si long temps et par des lettres en si bonne forme, qu'il n'y a aucuns moyens de leur contester la possession en laquelle ils estoient » Ils avaient pour armes : *d'azur, au mouton d'argent paissant.*

Comme les anciens possesseurs du Cormier, ses prédécesseurs, le chevalier de Guitard fit longtemps partie des conseils de la ville de Saintes. Nommé conseiller municipal le 1er mars 1811, il donna sa démission en 1821 ; il l'était encore, par élection, en 1831, jusqu'en 1840. Il avait également été officier de la garde nationale, et nous voyons que lors de l'arrestation, en 1815, de Joseph Bonaparte à son passage à Saintes, quand il se rendait auprès de son frère l'empereur Napoléon, prêt à s'embarquer pour Sainte-Hélène, il montra, dans cette circonstance, autant de courtoisie que de généreux dévouement envers l'ex-roi d'Espagne assailli par l'émeute populaire (1).

(1) Voyez *Revue de Saintonge et d'Aunis*, tome **XX**, page 440 et suivantes.

Le chevalier de Guitard est mort au Cormier, le 4 mars 1859, ne laissant qu'une fille, Marie-Anne-Claire de Guitard, ma mère, née à Saintes, le 12 mars 1801.

*
* *

Le 21 mai 1821, le comte de Coëtlosquet, nommé lieutenant général le 2 avril précédent, répondait ainsi aux félicitations de son ancien camarade de Fontainebleau :

« Je vous remercie, mon cher ami, de vos compliments ; ils sont de l'espèce de ceux qui, des oreilles ou des yeux, passent droit au cœur, et lui font un plaisir tel que je vous prie de n'être pas étonné si je vous en remercie encore mille fois.

Ah çà !. mon cher ami, que faites-vous dans votre non-activité ? ce métier vous plaît donc beaucoup ? je dois le croire, car lorsqu'on est bon officier comme vous, qu'on a toujours eu une conduite digne d'éloges ; que l'on a tous les avantages d'un beau nom, d'appartenir à une famille considérée, il est impossible de rester dans la retraite. Vous êtes, mon cher ami, comme certains possesseurs de riches et belles bibliothèques qui les tiennent fermées à clef et ne veulent jamais les ouvrir. Il faut revenir à Paris vous montrer : tout le monde y gagnera et vous n'y perdrez pas. Je sais bien que vous me répondrez : pourquoi se faire voir puisque la fortune est aveugle ? cela peut être vrai. Mais si elle ne vous prend qu'au jeu de colin-maillard. encore faut-il au moins

être de la partie pour en courir les heureuses chances.
Je me suis aperçu qu'à ce jeu là, il est avantageux
d'être un gros bonhomme, et c'est pourquoi sans doute
que j'ai été assez souvent pris. Vous voyez, mon cher
ami, ce qu'il en résulte. Venez donc à Paris, montrez
votre bonne figure ; et, secondé par vous, nous ne pouvons manquer de réussir, etc. »

Le 21 septembre 1821, M. de Montmorency écrivait :

« La bonne duchesse de Richelieu a vivement plaidé
votre cause auprès du ministre (de la guerre) qui devait aller chez elle. Il lui a écrit une lettre que je vous
envoie. Ne négligez pas le côté des Simiane pour faire
ouvrir une porte qui a tant de peine à s'ouvrir et faire
rentrer dans une carrière quelqu'un qui a tant de
droits d'y reparaître avec avantage. J'espère donc
pouvoir vous faire tôt ou tard mes compliments. Je
n'en redouble que plus de vœux pour que, dans l'u-
nion parfaite que vous avez contractée, vous jouis-
siez de tout le bonheur et la tranquillité dont ce bas
monde est susceptible. Je suis heureux de pouvoir
vous mander que la santé de Mme de Montmorency
va toujours de mieux en mieux, qu'elle est enchantée
de sa nouvelle église de Beaumesnil. Ainsi, nous
avons tous bien des grâces à rendre à cette aimable
Providence des bénédictions qu'elle nous accorde dans
cette vallée de larmes qu'il faut bien traverser

« Nous avons eu pour la Saint-Augustin, fête de ma
femme, une bien agréable réunion : la mère de Mme de
Richelieu, mon cousin Mathieu, sa femme et d'autres

respectables amis. L'évêque moribond d'Evreux avait prié son confrère l'évêque de Séez, notre ancien ami, de donner les ordres mineurs de la tonsure à environ quarante sujets de ce diocèse : ce qui a encore procuré à notre belle église un lustre et une édification bien rares en ce siècle. Voilà six ou huit sièges nouveaux, ou plûtôt renouvelés, qui vont enfin être occupés : mais la pauvre et chère ville de Saintes n'aura rien, malgré tous nos vœux pour elle. C'est que les temps sont encore loin d'être bons, et M. votre père pense sans doute comme moi que tout ne va pas pour le mieux dans ce meilleur des mondes ! cependant, notre France, toute gâtée qu'elle est, sera toujours ce qu'il y a de mieux. Quel tableau affligeant nous présentent l'Espagne, le Portugal, la Grèce et tant d'autres pays ! »

M. de Montmorency ajoutait :

« Il y a aujourd'hui vingt-huit ans que, sur le champ de bataille même où j'étais à Bodenthal, après avoir pansé les blessures de mon pauvre frère Achille, pendant qu'il se confessait à l'aumônier du régiment de Mirabeau, j'eus la douleur de le perdre... mais avec la consolation de voir mourir le plus fort, le plus beau des frères, comme un héros chrétien » (1).

L'intervention des amis de mon père pour hâter sa

(1) Achille-Jean-Louis de Montmorency Laval, second fils du duc de Laval, né le 25 janvier 1772, chevalier de Malte de minorité en 1782, mort à Manheim, le 21 septembre 1793, des blessures reçues à la défense du camp retranché de Bodenthal, à l'avant-garde de l'armée de Condé.

remise en activité de service était, on le voit, presque
incessante, ce qui prouve la difficulté de la réussite.
La comtesse Charles de la Tour Maubourg, Mlle Anas-
tasie de la Fayette, belle-sœur du ministre de la
guerre, s'en était également occupée. Fille aînée du
général de la Fayette, elle se souvenait que mon
grand-père avait été l'un des fidèles amis de sa
famille à Wittmold, à l'époque où elle s'y maria
(18 mai 1798), après la mise en liberté de son père
dont elle avait partagé la réclusion dans la citadelle
d'Olmütz, avec sa mère et sa sœur. Le récit de ce
mariage accompli si simplement, comme il convenait
à des exilés, est intéressant à lire dans la vie de
Mme de Montagu (1). On y voit que la marquise de Simiane, une amie de Mme de Tessé, se trouvait parmi les
assistants de la cérémonie où ce fut l'abbé de Luchet
qui donna la bénédiction nuptiale au jeune couple.

Malgré toute sa bonne volonté, le marquis de la
Tour Maubourg, comme il l'écrivait à Mme de Richelieu, ne pouvait prendre mon père pour l'un de ses
aides de camp avant qu'il y eut une place vacante ;
quant à le placer dans la garde royale avec le même

(2) Page 306. — Mon grand-père le mentionne aussi dans son
journal d'Emigration, et dit que Mme de Tessé l'avait chargé,
avec M. de Montagu, d'acheter à Hambourg les différents
meubles et objets pour le modeste ménage des nouveaux époux ;
il rappelle que M. Charles de la Tour Maubourg était l'un
des frères de son ancien collègue de l'Assemblée constituante.
La seconde fille de Mme de la Fayette, Mlle Virginie de la
Fayette, épousa plus tard M. Louis de Lasteyrie.

grade, c'était impossible, il n'avait pas le temps voulu.

Mais comme le ministère dont faisait partie le génée ral de la Tour Maubourg était sur le point d'êtr changé, le ministre se hâta, avant son départ, de rendre bien des services aux officiers qui lui étaient recommandés. Par une ordonnance royale du 10 octobre 1821, il faisait nommer Théophile de Bremond d'Ars chef du 5ᵐᵉ escadron dans le régiment de chasseurs des Alpes (5ᵉ de l'arme), avec autorisation de rester dans ses foyers, et le traitement de demi-solde, c'est-à-dire chef d'escadron de remplacement. C'était fort important, puisque le jeune commandant se trouvait remis en activité, tout en ayant l'avantage de pouvoir attendre dans sa famille une position plus à son gré (1). Il devait d'ailleurs se tenir prêt à rejoindre au premier ordre. Ainsi s'écoulèrent bien tranquillement à Saintes les premiers temps du mariage de mon père. Néanmoins, ses amis l'engageaient à ne pas trop demeurer dans cette situation, et lui-même se décida, comme son père, à faire agir ses différents et dévoués protecteurs.

M. de Montmorency l'en pressait vivement et lui reprochait son peu d'ambition ; et d'un autre côté, il le blâmait de manifester un certain découragement dans ses lettres, et surtout de sembler attribuer à la fata-

____

(1) Le duc de Richelieu quitta le ministère le 15 décembre 1821 : le général de la Tour Maubourg le suivit dans sa retraite et fut nommé gouverneur des Invalides.

lité, la lenteur et le peu de succès des démarches faites
en sa faveur. Il le lui prouvait en démontrant qu'il
avait eu tort de désespérer d'être bientôt replacé acti-
vement, puisqu'avec sa réponse il lui adressait l'avis
de sa nomination de major du régiment des hussards
du Nord (4ᵉ régiment).

« Avant-hier, écrivait-il le 27 décembre 1822, chez
la duchesse de Richelieu, à Courteille, mon cher Bremond, je fis une chute de cheval dans le beau milieu
de l'avenue du château, sur une très bonne et jeune
jument à qui les quatre pieds manquèrent : je fus en-
traîné dans sa chute ; et je remerciai bientôt Dieu
d'en être quitte pour une forte entorse à la cheville
du pied qui me retient encore dans ma chambre, mais
sans douleur et avec apparence de prompte guérison.
J'ai eu l'épaule assez meurtrie : comme c'est le côté
droit qui a souffert, j'en griffonne un peu plus. Mais
comme à quelque chose malheur est bon, je n'admets
pas de fatalité. Je profite de mon mieux de ce temps
obligé de retraite pour m'occuper de mon âme, de mes
affaires, de mes correspondances arriérées, et vous
verrez par la lettre ci-jointe que je n'oublie pas les
personnes qui me sont chères. Aussitôt que j'ai
reçu votre lettre, j'ai écrit au ministre : la réponse
prouve que l'on y a été sensible et que l'on est loin
de vous oublier. Vous verrez encore par là que vous
devez réformer le mot de fatalité dans votre manière
d'envisager et de recevoir les choses de ce monde ;
misérables aveugles que nous sommes, ne devons-

nous pas, après avoir fait notre devoir, toujours dire avec confiance et humilité : advienne que pourra

« Savez-vous si vous eussiez beaucoup gagné et pour le temps et pour l'éternité, à ne pas attendre d'être remis en activité ? Vous avez été rendu à votre famille, à vous-même : n'en avez-vous pas retiré de grands avantages ? de quels dangers ou tentations n'avez vous pas été ainsi délivré ? Ne vous êtes-vous pas marié dans cet intervalle, et quelle bonne préparation pour rendre à jamais heureuse une union que l'on contracte, hélas ! si légèrement, si peu chrétiennement, surtout quand on est lancé dans le tourbillon du monde et des occupations ou emplois militaires? Pourquoi ne me parlez-vous pas du bonheur d'un intérieur formé à loisir et avec l'avis d'une pieuse famille comme la vôtre ? Voilà que j'ai le plaisir aujourd'hui de vous envoyer l'ordre de revêtir l'uniforme des hussards du Nord. Dieu veuille, mon cher Bremond, que ce soit pour votre plus grand bien, pour le présent et pour l'avenir ! Je vais donc redoubler mes vœux pour vous au commencement de cette année, et que votre vertueuse famille redouble aussi de prières pour notre pauvre France, pour l'Europe encore bien malade, pour moi et pour ma femme, toujours dans le même état de souffrance, mais avec un peu d'amélioration.

« Mon cousin, le duc Mathieu, vient d'être dans le cas de donner sa démission ; il n'avait pris cette place dans le ministère que pour y faire du bien. Il a été,

à Vérone, traité par tous les souverains très hono-
rablement et avec une confiance rare. A son retour,
le Roi l'a comblé de bontés après l'avoir embrassé.

Aujourd'hui, il sort du ministère par la porte la plus
digne d'un premier baron chrétien. Que la volonté de
Dieu soit faite ! Si c'est pour le bien de la France,
je m'en réjouis ; s'il en est autrement, profitons de
cette épreuve de plus, et surtout ne murmurons
pas et point de *fatalité*.

« Je voudrais savoir que le colonel des hussards du
Nord est un chef digne de votre estime, que le régiment est où vous pouvez désirer qu'il soit (en garnison), et qu'il se couvrira de gloire, au moins par la
bonne discipline (1).

« J'espère être guéri dans une quinzaine, et aller à la
fin du mois prochain en Picardie où j'ai fait de grands
travaux. Nous irons de bonne heure passer une
grande partie de notre année à Beaumesnil où je serais charmé de vous recevoir avec Mme de Bremond
et M. votre père. Dites-lui que l'on assure que le
prince abbé et thaumaturge d'Hohenloë va en Russie, envoyé par l'empereur Alexandre pour y diriger
les affaires du clergé catholique. Nous allons avoir
de nouveaux et bons évêques : malheureusement pas
encore pour Saintes ; j'en parlerai par la suite. La
grande aumônerie va parfaitement actuellement, etc.

---

(1) Le 4ᵉ hussards avait pour colonel M. le baron de Merssman, qui devint l'un des meilleurs amis de mon père. Le lieutenant-colonel était M. le marquis de Puységur.

« Il est temps que je termine mon griffonnage dont vos yeux et les miens sont un peu las. Vous connaissez et vous voyez, mon cher Bremond, tous les sentiments que je vous porte, et qui dureront plus que les choses de ce monde. »

P. S. — Votre nouveau colonel et l'inspecteur général devront facilement terminer l'affaire de la croix de Saint-Louis, et, s'il le faut, je les seconderai de mon mieux. »

Mon père — je le répète — n'était point fataliste, comme le semblait croire M. de Montmorency : mais il avait eu si souvent autour de lui la triste preuve que ses parents ne paraissaient pas destinés à compter sur le retour de la fortune et des faveurs, qu'il était excusable d'en douter pour lui-même. C'était ce sentiment de doute qui faisait dire à Mme de Tessé écrivant à mon grand-père après les tourmentes de la Révolution :

« Dès que mon cœur s'ouvrira à l'espérance d'une meilleure fortune, je m'empresserai de vous en faire part ; mais je suis sceptique par nature, surtout pour la prospérité » (1).

C'était encore grâce au bienveillant appui de M. de Montmorency auprès du nouveau ministre de la guerre, le maréchal duc de Bellune, et du général du Coëtlosquet, que mon père avait été nommé major

____

(1) *Vie de Mme de Montagu*, p. 226.

aux hussards du Nord en garnison à Laon, par ordonnance royale du 18 octobre 1822.

Cette nomination ne lui plaisait pas ; le 4ᵉ hussards devait faire la campagne d'Espagne, et la place de major obligeait de demeurer au dépôt : c'étaient des fonctions peu en rapport avec le caractère et l'âge d'un officier supérieur de trente-quatre ans qui, précisément, s'était distingué dans les premières guerres d'Espagne.

Pendant cette année 1822, la correspondance de M. de Montmorency n'est pas aussi suivie que les précédentes, soit que les lettres n'aient pas été conservées ou qu'elles soient devenues plus rares par suite d'une blessure au doigt que M. de Montmorency s'était faite et dont il parle plusieurs fois. Il revient le plus souvent sur les événements du jour et la politique en général, d'après ce que rapportaient les journaux de l'époque. Il n'abandonne jamais la question des évéchés, de celui de Saintes, et surtout il n'omet jamais de donner régulièrement des nouvelles de Mᵐᵉ de Montmorency, pour laquelle il ne ménageait rien et recherchait tout ce qui pouvait améliorer une santé si chère. C'est ainsi qu'il raconte les cures merveilleuses opérées en 1819 par un ecclésiastique de Champagne, qu'il voulut faire venir à Paris.

« Un fameux curé médecin va m'arriver pour la troisième fois de Champagne à Paris, écrivait-il. Il a fait, à ma connaissance certaine, des cures si désespérées, que peut-être, à la fin, trouvera-t-il un remède efficace, et aurait-il le même succès qu'avec tant d'autres. Il a souvent complètement réussi où tous les médecins avaient échoué. Son désintéressement. sa charité, ne cédent en rien chez lui au talent admirable pour le tact du pouls qui lui fait découvrir tout ce qu'on a souffert et ce qu'on a : c'est le curé de Vauchassis près de Troyes (1 . »

Six mois après s'être démis de la présidence du Conseil des ministres, le duc de Richelieu mourait subitement (18 mai 1822), sans laisser d'enfants de Mlle de Rochechouart qu'il avait épousée le 6 décembre 1782.

M. de Montmorency en fut vivement affecté ; il le témoigne dans sa correspondance avec mes parents.

« La bonne duchesse de Richelieu est un peu mieux, écrivait-il de chez la princesse de Chalais, tante de sa femme, le 22 juin 1822. Mais quel coup de foudre elle a reçu !.. son mari. la veille de sa mort, était gai, dispos, et n'avait jamais été aussi aimable pour tous les siens et ceux qui l'entouraient. Quel sujet encore de méditation !.. que les honneurs du monde sont peu de

(1) M. de Montmorency ne dit point le nom de ce bon curé guérisseur. lequel n'eut pas le succès que l'on attendait de son merveilleux talent, car il n'en est plus question dans les lettres suivantes. et Mme de Montmorency ne fut point guérie.

Sans parler de l'abbé Kneip, en Allemagne, nous pouvons citer comme d'excellents curés guérisseurs ceux de Tanzac et de Cravans dans la Charente-Inférieure, et les curés de Pioussay et de Bords-des-Dames dans les Deux-Sèvres et la Charente, qui récemment ont fait courir de tous les points de la Saintonge et des provinces voisines.

chose ! Je prise bien davantage un petit coin dans le *Memento* de prières de vos excellents parents, etc. »

*
* *

Mon père, ayant obtenu une prolongation de congé, ne se rendit à son poste qu'au mois de février 1823.

Le mois suivant, après avoir passé quelque temps à Paris chez M. de Montmorency, il en recevait une longue lettre où son ancien général se préoccupait toujours de sa situation : et après avoir donné des nouvelles de Mme de Montmorency et de ses récents voyages, lui recommandait de ne point négliger à Laon le préfet du département, « M. le comte de Floirac, que j'estime, disait-il, et aime de tout mon cœur » : on ne réunit pas plus de rares et parfaites qualités. Je ne suis pas surpris, ajoutait-il, de tout le bien que vous m'avez mandé de votre colonel,(le baron de Merssman) d'après tout celui qu'on m'en a dit à Paris ; et dites-lui, le plus poliment du monde, que je lui sais bien bon gré de l'excellent accueil qu'il vous a fait. »

D'une obligeance constante, M. de Montmorency s'empressait également de seconder mon père pour rendre service à ses amis. On a vu que M. de Cabrières, à la suite de sa rupture avec le général Donnadieu, s'était adressé à M. de Montmorency, mais sans pouvoir le rencontrer à Paris. Il avait donc prié son ancien camarade de Grenoble d'intercéder de nouveau en sa faveur.

« Je n'ai point oublié les personnes que vous m'avez

recommandées à votre passage à Paris, dit M. de
Montmorency dans cette même lettre du 19 avril 1823.
Si vous m'aviez parlé quelques jours plus tôt de votre
ami de... (dont le nom ne me revient pas en ce moment, mais le capitaine d'état-major), il aurait été parfaitement placé près d'un excellent général qui l'eût
pris bien volontiers et l'a regretté. J'ai remis ses états
de services entre les mains du prince de Hohenloë,
qui m'avait promis avant son départ de s'en occuper.

« M. le comte de Modène, colonel de l'état-major
général de semaine aux Tuileries, mon très excellent ami, a bien voulu se charger de l'affaire de votre
brigadier de gendarmerie, etc... quant à M. d'Abzac,
M. de Modène me prie de vous dire qu'il faut faire
faire sa demande par le lieutenant-général de la division, etc.

« Il paraît que les affaires vont mieux en Espagne.
J'ai vu des lettres particulières qui parlent d'un avantage remporté par Bessières. etc. »

Un mois après, M. de Montmorency écrivait encore
à Laon :

« Vous n'avez pas répondu à ma dernière lettre : je
suis impatient de connaître votre situation dans ce
nouveau poste. Vos lettres seront probablement allées
me chercher à Bayonne. La Providence n'ayant pas
voulu qu'on vous envoie à l'armée, il était difficile
que vous fûssiez plus heureusement partagé en autorités supérieures que vous ne l'êtes. J'espère que la
maison de M. le comte de Floirac et sa connaissance

vous auront été des ressources et d'un exemple toujours bien bon à avoir. Je lui saurai infiniment de gré
de tout ce qu'il pourra faire pour vous être agréable,
et j'aime à me flatter qu'il répondra à tous les compliments bien sincères que je lui ai adressés sur vous,
par toute la bienveillance et les procédés dont sa
belle âme est bien capable envers vous, et particulièrement envers des personnes qui ont tant de titres que
vous, mon cher Bremond. On ne dit pas en général
grand bien de la ville de Laon : qu'il y a rage en
quelque sorte pour le jeu. Heureusement que cette
passion, ainsi que bien d'autres, n'ont jamais eu de
prise sur votre cœur : et que, maintenant plus que
jamais, ayant le bonheur d'avoir une si vertueuse
femme, vous devez être de plus en plus un modèle de
sagesse et de chevalier français et chrétien, apportant
ainsi à votre famille un accroissement d'honneur et
de gloire.

« Je viens de faire un petit voyage en Picardie dans
nos propriétés de Breteuil et à Amiens. J'ai eu beaucoup de satisfaction dans cette tournée ; une retraite
faite par un bon Père de la Foi que j'ai pu obtenir
pour la quinzaine de Pâques, y a fait un bien
immense. La santé de ma pauvre femme s'améliore
assez sensiblement. Nous irons le mois prochain chez
Mme de Richelieu, et de Courteille à Beaumesnil pour
un long séjour, s'il plaît à Dieu.

Voilà le maréchal de Bellune revenu et le général
du Coëtlosquet qui revient dans sa même place.

M. Tabarrié sera aussi employé. On ne comprend pas trop facilement tout ce remue-ménage, etc.

On est entré à Vittoria et Bilbao : le difficile n'est pas de pénétrer et de détruire, mais de rebâtir. Que dit M. votre père de la politique actuelle ? »

Mon père, s'il n'eut pas été si éloigné de sa famille, n'avait, en effet, qu'à se louer de son séjour à Laon : en dehors de l'avantage d'être en relations avec des autorités et des chefs agréables, il retrouvait dans cette ville un proche parent de ma mère, M le vicomte Etienne d'Archiac. établi dans le pays et entouré de la considération de ses concitoyens. Il en est souvent question dans sa correspondance.

Ma pieuse grand'mère, touchée des sentiments religieux de M. de Montmorency, avait songé à lui demander d'être mon parrain, bien que mon père, qui savait quels étaient les scrupules de M. de Montmorency sur ce point de responsabilité morale, l'eut dissuadée de tenter cette démarche inutile. En effet, ce furent précisément ces mêmes sentiments de piété timorée qui dictèrent la réponse suivante :

« Nous sommes bien contrariés, Mme de Montmorency et moi, de ne pouvoir accéder à votre proposition de devenir le parrain et la marraine de votre enfant qui va bientôt, par sa venue, réjouir votre famille. Mais la chose m'est d'autant plus impossible que, d'après une très ancienne et très formelle résolution. j'ai refusé à mes parents les plus proches,

comme à ceux de ma femme, d'ajouter encore à tant
de devoirs ceux auquels le monde ne pense guère :
c'est pourquoi j'ai toujours refusé de prendre cette
grande responsabilité spirituelle. Je n'en ferai pas
moins, mon cher Théophile, bien des vœux et des
prières pour que l'avenir, la conservation et l'éducation de cet enfant répondent aux désirs de ses bons
parents, et qu'il devienne une source de bénédictions
pour sa famille et son pays, etc... « Voilà bien des
évêques de sacrés et beaucoup d'évêchés rétablis :
quand celui de Saintes remplira-t-il l'attente des nombreux et fervents fidèles qui soupirent après son réta-
blissement ? La Providence qui fait en ce moment
surtout tant de miracles en Espagne, en Portugal, en
fera, je l'espère, un de plus d'ici à quelques années,
en faveur de cette pieuse ville de Saintes. Tel est
mon souhait bien sincère, etc. (1) »

De son côté, mon grand-père écrivait à mon père,
obligé, quelque temps avant ma naissance, de rejoindre son régiment à Laon :

« *Anatole-Marie-Joseph* est né, ce matin mardi, 26
août, le plus heureusement du monde, un peu avant
trois heures. On l'a baptisé aujourd'hui à Saint-Pierre :

(1) Le souhait de M. de Montmorency ne devait jamais se
réaliser. Cependant, le titre d'évêque de Saintes, sur la demande de Mgr Clément Villecourt, évêque de la Rochelle, par
l'intermédiaire de M. de Rayneval, ambassadeur à Rome, et
sur la recommandation de Louis-Napoléon Bonaparte, Président de la République, fut relevé par Pie IX, dans un Bref du
22 janvier 1852, enregistré au conseil d'Etat le 7 juillet,et suivi
d'un décret conforme du 9 août.

la mère n'a pas voulu remettre le baptème à une autre époque. C'est l'abbé Violaud qui a régénéré l'enfant dans les eaux du baptême. Si les vœux des assistants sont en raison de la longueur du cierge offert par la marraine, j'espère que les années de ton fils feront le siècle... Tant mieux, s'il doit être heureux !

Je viens aussi de faire inscrire au registre civique le nouveau-né, assisté pour témoins de Victor de Montalembert et du comte de Beaumont. Dieu veuille qu'il y reste longtemps placé, en attendant de l'être dans un monde meilleur, après une vie sans reproches ! (1) »

Vous voyez, mes chers enfants, que la prédiction de mon vénérable grand-père est en train de s'accomplir, car j'ai, grâce à Dieu, déjà parcouru une grande partie du siècle prédit !

Le 4ᵉ hussards qui avait pris part à la guerre d'Espagne revint à Laon, mais pour changer bientôt de garnison : il fut envoyé à Vendôme.

Mon père vint quelque temps en Saintonge et en repartit pour sa nouvelle garnison, bien moins éloi-

---

(1) Ma marraine était la sœur de ma grand'mère paternelle Marie-Élisabeth de La Taste, veuve, depuis 1821, de M. Jean-Célestin Gillis : ces dignes et si dévoués parents qui recueillirent leurs jeunes neveux à Marennes, à l'époque de la Terreur. Mon parrain était le chevalier Dominique-Joseph-Gabriel de Brétinauld de Méré, chevalier de Saint-Louis, ancien capitaine de cavalerie à l'armée de Condé, cousin germain de mon aïeule maternelle, Mᵐᵉ de Guitard.

gnée : ce qui lui permit d'emmener ma mère et ma jeune sœur.

Le séjour à Vendôme fut d'abord bien agréable pour mes parents, comme le témoignent les lettres écrites à Saintes. Leur bon et fidèle ami, le marquis de Montmorency n'avait garde de les oublier : et, au mois de juin 1824, il écrivait de Vendeuil à mon père :

«... Recevez nos sincères remerciements pour vos excellents souvenirs dans la triste circonstance de la perte de notre très bonne grand'mère, âgée de quatre vingt treize ans : coup très sensible, bien qu'il fut prévu. Dans le courant de septembre, nous passerons par Paris pour nous rendre à Courteille. Je ferai, à cette époque, transporter notre bonne grand'mère, embaumée et gardée à Paris, dans notre terre de Beaumesnil où un monument lui est élevé (1).

Je suis également en retard pour répondre aux condoléances de monsieur votre père ; et exprimez-lui d'avance mes regrets d'un retard involontaire ; mais il est trop sûr de mes sentiments à son égard pour me taxer d'indifférence, puisqu'il y a peu de personnes au monde que j'estime et par conséquent aime comme lui, et pour ses vertus et ses qualités personnelles. Il m'a donné une commission très difficile à remplir : et

(1) C'était la duchesse de Sully, grand'mère de Mme de Mont-morency. Gabrielle-Louise de Châtillon, fille du duc de Châtillon et de Gabrielle Le Veneur de Tillières, était née le 20 septembre 1731, et avait épousé le 19 janvier 1749, Maximilien de Béthune, duc de Sully, prince d'Henrichemont, pair de France.

sa délicatesse a encore été la cause de mon silence.
D'un côté, personne plus que lui n'a de droits pour
faire admettre l'un de ses petits-fils parmi les pages
du Roi ; mais aussi, je suis forcé d'avouer que je
n'ai pas bonne opinion de l'éducation donnée à ces
jeunes gens : j'ai même lieu de craindre et de croire
que c'est une pitoyable école. J'ai donc été dans l'embarras... etc.

« Je désire que vous soyez content de votre nouvelle garnison. Vous avez à Vendôme un très bon
sous-préfet que je connais, M. de Beaumont ; parlez-
lui de moi (1). Mᵐᵉ de Bremond est-elle venue vous
joindre à Vendôme ? vous ne pouvez douter des vœux
que je ne cesse de former pour le bonheur véritable et
chrétien de votre union, etc. »

On a vu que le maréchal de Vioménil avait proposé
Théophile de Bremond d'Ars, alors aide de camp de
M. le marquis de Montmorency, pour la croix de
Saint-Louis, dès le mois de mai 1816. Cette proposi-
tion ne devait avoir son effet que huit ans plus tard.

Par ordonnance royale du 20 octobre 1824, mon
père était nommé chevalier de cet ordre pour lequel
on exigeait vingt années de services : le nouveau
titulaire n'en comptait que seize : c'était donc une

(1) Le comte Armand de Beaumont. Très aimé de ses administrés, la ville de Vendôme voulut être la marraine de l'un
de ses fils. En 1830, au moment de la révolution, M. de Beaumont était préfet des Deux-Sèvres : il donna sa démission. C'est
le grand-père du vice-amiral de Beaumont.

faveur, et, en même temps, l'une des dernières promotions faites par le roi Louis XVIII.

M. le colonel baron de Merssman fut chargé de la
réception du nouveau chevalier.

Toujours affairé, M. de Montmorency écrivait en
courant, le 12 décembre, une lettre qui peint cette vie
si remplie et si active.

« Mon cher Théophile, c'est toujours à la hâte
qu'il me faut écrire ; voyez plutôt : j'ai plusieurs
procès à suivre, des hommes d'affaires à changer
et diriger ; trois domestiques à chasser ou congédier, et par conséquent à remplacer. Mon misérable
valet de chambre depuis sept ans me trompait comme
tant d'autres auparavant. Grâces à Dieu, j'en suis
délivré. De plus, j'ai eu mille affaires importantes ;
une audience du Roi, cent visites à faire à la cour,
aux ministres, ma femme à soigner, quoiqu'allant
de mieux en mieux.

« Je suis arrivé hier soir ici : j'en repars demain de
grand matin ; je suis levé de bonne heure, et j'arrive
à la nuit ayant encore mille choses à faire ; demain,
je déjeune à Beauvais et dîne à Paris. Plaignez-
moi, ou plutôt priez pour moi. Je reverrai le général
du Coëtlosquet et lui parlerai de votre affaire. Je connais beaucoup le ministre de la guerre qui est un vertueux homme. (M. le marquis de Clermont-Tonnerre.)

« Je serais charmé que vous puissiez venir à Paris ;
je ferais la connaissance de Mme de Bremond d'Ars ;
et enfin nous vous verrions heureux comme un vrai

chrétien peut l'être ici-bas. Recevez tous mes renou-
vellements d'intérêt et d'attachement d'un lieu que je
viens d'embellir beaucoup, et où nous serions enchan-
tés, Mme de Montmorency et moi, de vous recevoir l'été
prochain ; nous y passerons trois ou quatre mois de
la belle saison. Ce n'est pas loin de Laon. Mille aimables commissions en retour et de cœur pour l'excellent comte de Floirac que vous prenez sans doute tous
à Laon comme le vrai modèle de loyauté et de piété.

« J'ai reçu une lettre du pape Léon XII. Vous êtes si
dignes l'un et l'autre d'en prendre connaissance, que
je ne résiste pas à l'envie de vous l'envoyer : elle vous
donnera une idée du cœur admirable et de la charité
parfaite de ce digne successeur des apôtres que je
voyais sans cesse à Paris, et à qui j'avais écrit, ayant
appris son exaltation que, d'avance j'avais si bien
prévue, que je l'ai mandée trois semaines avant à mon
frère et à plusieurs autres personnes (1). Que de choses

(1) Voici la lettre du Souverain pontife :

Léon XII à Monsieur le marquis de Montmorency.

Rome, le 5 novembre 1823.

« Monsieur le marquis,

« Nous sommes infiniment sensible aux expressions de piété
et d'attachement filial pour Notre personne contenues dans la
lettre par laquelle vous avez bien voulu Nous féliciter sur
Notre élection à la chaire de Saint-Pierre. Les vœux ardents
que vous formez pour le triomphe de l'Église, pour la conso-
lidation de l'ordre, l'extirpation totale des erreurs, sont tout
à fait dignes de cette piété et cette sagesse éclairées qui vous
distinguent si éminemment, et que, si souvent, Nous avons

j'aurais à vous conter, mon cher Bremond. Pauvre Espagne jouira t-elle longtemps du bonheur de sa délivrance ? et serons-nous plus chrétiens et plus sages ? »

Mon père désirait toujours entrer dans la garde royale, mais avec un grade supérieur. C'était l'obstacle principal, car M. le duc d'Angoulème réservait, disait-on, toutes les faveurs de l'avancement aux officiers qui avaient fait la campagne d'Espagne sous ses ordres.

Il eût fallu aussi avoir un peu plus d'esprit d'in-

eu lieu de reconnaitre et d'admirer en vous. Daigne le Seigneur Nous remplir de ses célestes lumières et fortifier Notre faiblesse, pour que Nous soyons à même de justifier l'opinion favorable que vous entretenez de Notre personne : et, en même temps, de satisfaire aux désirs de tous les vrais fidèles.

« Sincèrement attaché depuis si longtemps à votre personne ainsi que Nous l'avons souvent exprimé à Monsieur l'Ambassadeur de France, votre frère. Nous continuerons constamment à vous porter cette affection, cette bienveillance distinguée que vous méritez à tant de titres. Notre cœur paternel éprouvera une vraie satisfaction toutes les fois que l'occasion se présentera de pouvoir, à l'imitation de Notre prédécesseur, de glorieuse mémoire, vous donner des témoignages assurés de tout ce que Nous sentons à votre égard.

« En attendant, Nous donnons, ainsi qu'à votre très estimable famille, avec une vive reconnaissance et effusion de cœur, Notre sainte Bénédiction Apostolique. »

Léon, PP. XII.

Le cardinal Annibal della Genga, né en 1760 à Genga près de Spolète, avait succédé en 1823 à Pie VII. Il embellit Rome, protégea les lettres et les arts et diminua les impôts dans ses Etats. Par son encyclique de 1825, Léon XII condamna les sociétés secrètes. Il mourut en 1829 et eut pour successeur le pape Pie VIII.

trigue : mais le rôle de solliciteur répugna sans cesse à mon père comme à mon grand-père. Leurs amis leur reprochaient, non sans raison, de se tenir trop à l'écart; et M. de Montmorency principalement, les engageait à venir à Paris et à parler eux-mêmes, les absents n'ayant que très rarement gain de cause.

Au mois de janvier 1825, M. de Montmorency adressait à mon père la longue lettre suivante.

« Je suis heureux d'être aussi bien connu de vous, mon cher Bremond, car je serais embarrassé de justifier mon long silence envers vous et les vôtres, quoique vos vœux et vos souvenirs de tous me soient toujours également précieux et sensibles. Mais mille affaires, mille devoirs, mille écritures m'ont tellement occupé depuis mon retour à Paris, que j'ai eu bien peu de moments de loisir et que je suis en arrière pour toutes mes correspondances. En outre de quelques affaires litigieuses, j'ai terminé, il y a peu de temps, la grande affaire d'achat d'un hôtel assez considérable à Paris. Il y a un jardin de deux mille toises, mais la maison demande de grandes réparations ou embellissements : et cette assez bonne affaire entraîne mille embarras avec elle. Je suis avec les notaires, les architectes et ouvriers de tout genre, afin de pouvoir habiter notre nouvelle maison dans huit à dix mois, si c'est possible. Mme de Montmorency n'a pas mal passé son été, ni l'automne : depuis son retour à Paris elle a eu plus de variantes dans sa santé qui, somme totale, est bien meilleure que par le passé, sans être

parfaitement bonne ; elle jouit beaucoup de la campagne quand elle y est et de sa nouvelle acquisition
en prochaine perspective.

« Ni vous, ni M. votre père n'avez à craindre que
je puisse vous oublier, et ne pas me prêter à ce qui
pourrait vous être utile et agréable...Je serais charmé
de vous recevoir tous les deux à Paris et le plutôt
sera le mieux, du moins pour mon cœur qui sait apprécier les heureuses et solides qualités des vôtres.

« Je me sens plus que jamais porté à me retirer du
grand monde, et de ce tourbillon qu'augmente le régime représentatif. Puissent les chambres accoucher
enfin de meilleures lois qu'on a eues et présentées
jusqu'à ce jour. Mais qu'il est difficile dans ce siècle
de trouver quelque chose de bon complètement.
Toutes les têtes sont agitées par le projet d'indemnité.
Dieu veuille qu'on s'en tire avec les résultats dé-
sirables !

« La religion reprend dans beaucoup de diocèses
avec empire, grâce à laProvidence et aux Evêques, secondés par les missionnaires et les jésuites si en butte
à la rage libérale. Que de choses nous aurons à nous
dire, M. votre père et moi ! La santé du Pape est rede-
venue excellente, et les détails de Rome sont très édi-
fiants ; que ne pouvons-nous y aller tous pour profiter
du Jubilé, car il n'y a point de charte qui puisse pro-
curer de telles faveurs. La pauvre Espagne ! comme
il faut prier pour elle ! on dit que cela va moins mal
depuis quelque temps.

« Mme de Bremond est probablement restée à Saintes. Faites-lui parvenir mes hommages, et que ce griffonnage tracé à la hâte et en tenant compagnie à ma femme un peu incommodée depuis trois jours surtout, vous soit commun avec M. votre père, qui n'a pas moins de titres que vous à un retour bien sincère des vœux et des sentiments parfaits qui vous sont assurés pour cette année et toutes les suivantes. Je ne m'absenterai de Paris que pour quelques courts voyages à Beaumesnil ou à Vendeuil, en Picardie.

« Adieu donc, et au revoir, mon cher Bremond ; le bon maréchal de Vioménil est à merveille, et court chez tous les ministres ; il demande si bien, si fortement, qu'il finit toujours par obtenir ce qu'il désire. Il n'y a rien de tel qu'un bâton de Maréchal si noblement porté surtout, pour ouvrir toutes les portes ; il est pieux comme un ange. Sa fille ne va pas bien. »

Cependant, mon père se décidait, au mois de mars de l'année suivante, d'aller passer quelques semaines à Paris. Il écrivait à mon grand-père le peu de succès de ses démarches, malgré les promesses qu'il reçut, promesses dont il appréciait le peu de valeur. M. de Montmorency se trouvait en Picardie, et les hommes politiques étaient fort préoccupés par les préparatifs du sacre de Charles X et les discussions des chambres.

« Il y a près de quinze jours que je suis ici, mon cher père, et je retourne demain à Vendôme. Nos députés et nos amis sont outrés de la loi sur l'indemnité, loi confuse et injuste pour tant de familles. Certaines personnes la trouvent parfaite, entre autres vos amies MM^{mes}... qui prétendent que l'on est fort heureux d'avoir quelque chose : elles se réjouissent de leur sort et ne comprennent pas que nous ne soyons pas satisfaits. Il est vrai qu'elles passent leur temps à la cour et dans les salons où l'on joue beaucoup avec une incroyable insouciance. J'ai été contrarié de ne pas voir M. de Montmorency ; il eût parlé pour William au duc de Doudeauville dont le fils, M. Sosthènes de la Rochefoucauld, a épousé la fille de son cousin Mathieu. Il est question de nommer de nouveaux pairs et d'en porter, dit-on, le nombre à huit cents. On les prendrait parmi la noblesse des provinces, mais on ne choisirait que les plus riches familles ; ainsi, c'est toujours malheur aux vaincus ! On ne rencontre d'ailleurs que des intrigants, des égoïstes et des gens uniquement occupés de leurs plaisirs, se riant de la misère des provinces et comptant pour rien ceux qui ont la bonhomie de croire encore à des principes de justice et d'honneur. Où tout cela nous mènera-t-il ? M. le duc d'Angoulême ne veut donner des grades qu'aux officiers qu'il a connus en Espagne, etc. »

Ces lignes, tracées il y a près de quatre-vingts ans, semblent écrites d'hier ; et ces justes réflexions peuvent s'appliquer à ce qui se passe aujourd'hui, car c'est le même égoïsme et la même imprévoyance politique.

A son retour de Picardie, M. de Montmorency s'empresse d'informer mon père qu'il n'a pas lieu de se décourager.

« J'avais déjà parlé de vous, dit-il au ministre de la guerre, mais avant-hier soir, je lui en ai reparlé d'une manière plus vive et il m'a répondu de la manière la plus gracieuse. Vous voyez que, s'il est difficile de réussir quand on est près, la difficulté est plus grande lorsqu'on est loin. Je comptais vous voir revenir à Paris avec M. votre père. C'est ce que font tous ceux qui obtiennent. Je partirai le 16 mai pour Beaumesnil et ne sais quand je reviendrai. Bien que la nouvelle de ma nomination de lieutenant-général honoraire soit prématurée, elle sera bientôt réalisée, d'après ce que m'ont dit le Roi et le ministre de la guerre. Mes yeux ne me permettent pas d'être en activité de service. Si vous revenez, le bon maréchal de Vioménil vous seconderait parfaitement, lui aussi, et vous feriez bien de lui écrire un mot, mais avec votre plus grande écriture. Il se porte bien, Dieu merci, et sa fille est beaucoup mieux, ainsi que Mme de Montmorency qui a beaucoup souffert cet hiver, etc. »

Trois semaines après, nouveau billet de cet excellent marquis de Montmorency :

« Je n'ai que le temps, mon cher Bremond, de vous dire que ce matin même, dimanche, me trouvant dans le cabinet du Roi (Sa Majesté m'a accordé les entrées peu de temps après son règne), je parlai de vous à M. de Clermont-Tonnerre qui m'a répondu très-gracieusement. « J'ai l'intention de faire passer M. de Bremond d'Ars dans la garde. et je lui porte d'autant plus d'intérêt qu'il m'est recommandé très-vivement, non seulement par vous, mais encore par d'autres personnages très respectables pour moi, et que je sais qu'il est un officier très distingué. » Notre départ de la campagne est ajourné. Je crois toujours qu'il serait important que vous puissiez venir après les fêtes du sacre. »

Peu de temps après son retour à Vendôme, mon père et ma mère eurent la douleur de perdre leur petite fille, une charmante enfant de trois ans, enlevée en quelques jours à la tendresse et l'affection de toute la famille ; leurs vifs regrets ne cessèrent jamais : et dans mon enfance, je fus souvent témoin des larmes de mes parents au douloureux souvenir de ce premier deuil (1).

A l'occasion des fêtes du sacre de Charles X, il y eut de nombreuses promotions dans l'armée. Mon père fut alors nommé lieutenant-colonel des hussards du Haut-Rhin (6e régiment) en remplacement de M. de Galz Malvirade, par ordonnance royale du 8 juin 1825, contre signée du marquis de Clermont-Tonnerre, alors ministre de la guerre.

Le régiment, commandé par le colonel comte du Pont de Compiègne. était en garnison à Sarreguemines (2).

(1) Marie-Sidonie de Bremond d'Ars, née à Saintes le 17 mai 1822, morte à Vendôme le 30 mai 1825.

(2) *L'Historique du 6e Hussards.* par le capitaine C. Voisin, et

13

Le colonel du 4ᵉ hussards, le baron de Mersseman, en l'informant de sa nomination lui écrivait de Vendôme, le 16 juin 1825 :

« Mon cher ami, je m'empresse de vous faire part de votre nomination de lieutenant-colonel dans le régiment de hussards du Haut-Rhin, en remplacement de M. de Galz Malvirade. Recevez, je vous prie, mon cher camarade, mon compliment bien sincère sur votre avancement si bien mérité. Pourquoi n'est-ce pas aussi bien dans la garde ? j'aurais eu, au moins, l'espoir, de me retrouver par la suite avec un ami avec lequel j'ai eu les relations les plus agréables pendant tout le temps que nous avons servi ensemble et dont je regrette vivement le départ, regrets que partagent tous les officiers du régiment. C'est M. de Séréville, capitaine de la garde royale, qui vient vous remplacer. Peut-être M. de Puységur consentirait-il à permuter avec vous ; écrivez-lui ça ».

Cette permutation si fort désirée au 4ᵉ hussards, et si flatteuse pour l'ancien major, n'eut point lieu : et mon père, alors en congé à Saintes, rejoignit bientôt son nouveau régiment au camp de Saint-Omer.

L'année suivante, M. de Montmorency, après son

illustré par M. Marcel de Fonrémis, capitaine aux escadrons territoriaux des Hussards, dans la liste des lieutenants-colonels de ce régiment, indique M. de Bremond d'Ars comme étant arrivé au corps le 8 juin 1825 : c'est une erreur, car, à cette époque, il se trouvait à Saintes, en congé de semestre qu'il fit encore prolonger. Cette date est celle de sa nomination, et mon père ne rejoignit son régiment que bien plus tard.

retour d'un long voyage à l'étranger, reprenait sa correspondance avec mon père et persistait à vouloir le faire entrer dans la garde avec un grade supérieur.

Le 25 janvier 1826, il lui écrivait :

« Je viens encore, dans une conversation que j'ai eue, dimanche dernier, dans le cabinet du Roi, avec le ministre de la guerre, de parler de vous et de le remercier de vous avoir nommé lieutenant-colonel, en ajoutant qu'il serait à désirer qu'il vous attachât à la garde royale. Je n'avais pu seconder plus tôt ce projet, car j'arrive d'un long et heureux voyage. En moins de deux mois, j'ai fait plus de mille lieues sans accident et avec tous les agréments et avantages possibles sous tous les rapports. J'ai vu et entretenu plusieurs fois un saint et grand pontife, un pieux et grand roi en Sardaigne. Tous deux m'ont comblé de bonté et de confiance (1). Je suis allé à la Grande Chartreuse, près de Grenoble : j'ai prié à Fourvières-sur-Lyon, et à Lorette près de Rome, pour m'acquitter de pieuses dettes de reconnaissance et de religion, et revu mon frère et passé seize jours chez lui.

« Dans ce voyage, j'ai retrouvé mille amis et admiré de nouveau les églises de Saint-Pierre de Rome et de Milan. Je suis revenu par le Mont-Cenis, Turin le Simplon et Genève. Que de foi j'ai trouvée en Italie et dans les états du roi de Sardaigne, à Gênes surtout.

(1) Le pape Léon XII, dont M. de Montmorency à déjà parlé dans une lettre du 12 décembre 1823 : et Charles-Félix qui oc_ cupa le trône de Sardaigne de 1821 à 1831

Ce royaume a une bonne armée et de magnifiques ports de mer. A mon retour, j'ai eu le bonheur de trouver beaucoup mieux ma femme que mon départ subit et inattendu avait fort éprouvée et inquiétée. Aussitôt la belle saison, nous irons en Picardie, à Vendeuil, passer tout notre été : point de Normandie, cette année.

« Nous serions charmés de vous revoir soit à la campagne, soit à Paris. Que de choses on aurait à se dire sur tout ce qui se passe ! Prions Dieu qu'il ait pitié de tant de pauvres têtes, car l'aveuglement est encore bien grand, et l'impiété fait tant de ravages ! Mais espérons beaucoup dans les fruits du Jubilé qui va s'ouvrir. Il doit passer aujourd'hui, dit-on, au conseil d'Etat. La lettre du Pape est admirable ; mais quels affreux et pernicieux journaux ! Pardon de mon griffonnage et de mon désordre épistolaire. Mille compliments de la part de Mme de Montmorency. Le bon maréchal de Vioménil passe l'hiver à Montpellier : il est à merveille, monte à cheval sans cesse ; Mme de la Tour du Pin est beaucoup mieux. »

Le duc Mathieu de Montmorency mourut subitement à Saint-Thomas-d'Aquin, le 24 mars 1826, jour du Vendredi-Saint.

Ce fut une nouvelle et grande douleur pour son cousin qui lui portait une affection toute particulière, comme on le voit par sa correspondance avec mes parents. Mon grand-père lui en exprima ses plus sincères condoléances ; mais dans son *Journal-mémento*, il ne peut s'empêcher, en rappelant le temps où le noble duc était son collègue aux Etats généraux, de comparer les justes éloges et les regrets inspirés par cette mort si imprévue avec les reproches que les royalistes avaient jadis adressés au représentant de la noblesse de Montfort au sujet de ses idées trop libérales.

A l'Assemblée constituante, le vicomte Mathieu de Montmorency, ainsi que plusieurs autres grands seigneurs, avait voulu, par une ardeur irréfléchie, tout sacrifier aux idées d'égalité de cette époque. « Plus tard — dit l'un de ses biographes — il rétracta formellement les erreurs politiques de sa jeunesse ; et s'il se laissa entraîner, au préjudice du trône, dans une fausse et funeste application de la constitution américaine où tant de brillantes hypothèses de J.-J. Rousseau paraissaient se réaliser, c'est qu'il croyait ne donner qu'un exemple de quelques sacrifices particuliers au profit du plus grand nombre. »

Mon grand-père, mes chers Enfants, avait été plus sage, tout en admettant les concessions nécessaires que son esprit de justice approuvait. Les diverses biographies ont d'ailleurs rendu hommage à sa conduite parlementaire. Mais il n'avait jamais consenti, comme les seigneurs de la cour, à dépouiller la Royauté et la Noblesse de certains privilèges simplement honorifiques, tels que les droits de préséance, d'armoiries, d'enfeu, etc. Les gentilshommes de province y tenaient d'autant plus que ces marques distinctives qui ne faisaient de tort à personnne, remplaçaient pour eux bien d'autres avantages qu'ils avaient généreusement abandonnés.

On discutait sur ce point. lorsqu'un membre de l'Assemblée proposa de transiger par un amendement : A ces mots. mon grand-père, indigné. se lève et s'écrie : « Point d'amendement. on ne transige pas avec l'honneur ! » Aussitôt, son collègue voisin, M. de Beauharnais. se lève également et doué d'une voix plus forte. répète les paroles de mon grand-père, qui sont couvertes d'applaudissements unanimes.

Cette noble protestation traduisait bien le sentiment intime de l'âme française qui ne peut composer avec l'honneur. Aussi, tous les journaux en rendant compte de cette séance de l'Assemblée, ne tarirent pas en éloges de M. de Beauharnais que l'on surnomma « le Féal Beauharnais ».

Trop modeste pour réclamer, mon grand-père ne chercha point à rectifier l'erreur de la presse, mais se contenta, dans ses mémoires. de rétablir la vérité.

Je me souviens parfaitement qu'un jour, lui parlant de ce fait historique que je venais de lire, il se mit à sourire en me disant : « M. de Beauharnais s'est illustré à mes dépens. »

On me pardonnera, je l'espère. de venir, à mon tour, réparer cette petite injustice de la Renommée qui souvent distribue au hasard la faveur de figurer dans l'Histoire. (1)

1) Les héritiers du général comte Michel, qui commandait

Au mois d'août 1826, M. de Montmorency apprenant que le comte de Chastellux, l'un de ses amis, inspecteur général de cavalerie, devait aller à Valenciennes où était le 6ᵉ hussards, envoyait à mon père une lettre ouverte qu'il le chargeait de remettre à son général, et par laquelle il le recommandait en ces termes :

« J'aime à me flatter, mon cher comte, que dans le cours de vos inspections et dans vos rapports au ministre de la guerre qui se rend le 3 septembre à Amiens et de là à Saint-Omer, vous voudrez bien distinguer le lieutenant-colonel des hussards à Valenciennes où vous le verrez. C'est le vicomte de Bremond d'Ars, mon ancien aide de camp, que j'aime et estime beaucoup.

« Le maréchal de Vioménil, sous les ordres de qui il a servi, lorsqu'il était avec moi en Bretagne, en faisait très grand cas ; cet excellent officier a toujours servi avec distinction et mérité l'estime de tous ses chefs. Vous savez que le vicomte de Bremond appartient à la famille la plus distinguée et la plus respectable de la Saintonge : l'une de ses tantes — toutes deux chanoinesses — était la doyenne du noble chapitre de Metz. Je lui ai voué à jamais le plus sincère et vif intérêt depuis qu'il s'est attaché à moi pendant les

les chasseurs de la garde à Waterloo, où il fut tué, ont vainement réclamé pour leur aïeul la réponse héroïque gravée sur la statue de Cambronne qui n'aurait, paraît-il, prononcé que le mot dont le poète Victor Hugo admire la grossière énergie.

Cent-Jours, et a prouvé si fortement son bon esprit royaliste. Je ne crains donc pas d'espérer que vous vous prêterez de votre mieux à lui être favorable pour les justes demandes qu'il peut avoir à faire, et que vous le distinguerez de la foule des officiers qui vous rendront leurs devoirs, etc. »

Quelques mois plus tard, M. de Montmorency était heureux d'informer son ancien aide de camp que le général de Chastellux l'avait aussi bien jugé que lui.

Le 17 février 1827, M. de Montmorency écrivant à mon père qu'il pensait bien le voir prochainement à Paris quand il y passerait pour rejoindre son régiment, ajoutait :

« J'ai rencontré le comte de Chastellux, votre inspecteur général, qui m'a fait encore les plus grands éloges de vous : ce qui ne m'a pas surpris et m'a fait le plus grand plaisir. Puissiez-vous, dans votre carrière, continuer à obtenir tout l'avancement que je vous souhaite et que vos excellentes qualités vous donnent lieu d'attendre. Les journaux vous peignent, mieux que ce que je pourrais vous dire, les temps où nous sommes et la nécessité de prier la divine Providence de consolider la paix, d'éclairer les esprits et les cœurs des pauvres humains, etc.

« Le peu de succès et de bonheur que votre si respectable et digne père rencontre dans les affaires de ce bas monde ne fait que prouver de plus en plus que ce n'est point sur la terre que la vertu et les mérites seront récompensés : il faut lever ses regards vers une autre patrie, là, je crois, où notre vénérable et bon maréchal de Vioménil ne tardera pas à se rendre. Je ne me flatte plus de le conserver longtemps, car, après avoir triomphé d'une fluxion de poitrine à quatre-vingt-treize ans, sa convalescence me semble difficile à établir. Il est tout à craindre, surtout depuis trois jours, que son extrême faiblesse ne soit l'avant-coureur de la fin de cette longue et glorieuse vie qui se termine dans les sentiments les plus admirables du courage chrétien et dans les exercices journaliers de la plus édifiante piété. Le pape est actuellement plein de santé et c'est là vraiment un Souverain Pontife, etc. »

Les craintes de M. de Montmorency sur la santé du maréchal de Vioménil n'étaient que trop justifiées, « le Nestor de l'honneur français », comme l'appelait la marquise de Volude, s'éteignait quinze jours après (1)

(1) Charles-Joseph-Hyacinthe du Houx, marquis de Vioménil, né à Ruppe, en Lorraine, en 1734, appartenait à une famille qui prenait son nom de la seigneurie du Houx près de Remiremont. Il était fils de François-Hyacinthe, baron du Houx et de Vioménil, lieutenant-colonel du régiment de Limousin, et de Marie-Antoinette de La Vallée. Il avait fait la guerre de Sept-Ans comme aide de camp de Chevert. Le comte de Vioménil alla commander en Corse l'avant-garde du maréchal de Vaux qui, dans son rapport au roi, déclare que « la conquête de la Corse était due à la valeur de M. de Vioménil. » Il combattit en Amérique sous le maréchal de Rochambeau et fut gouverneur de la Martinique. Emigré, il servit dans l'armée de Condé, puis en Russie où l'empereur Paul Ier le nomma lieutenant-général. En Portugal, le roi Jean lui donna le titre de maréchal général avec le commandement de toutes ses troupes. Rentré en France avec les Bourbons, il se signala par

Son frère aîné, Antoine-Charles de Vioménil, maréchal de camp sous Louis XVI, était mort des blessures qu'il reçut en défendant la famille royale le 10 août 1792, à l'attaque des Tuileries.

Mon père regretta vivement ce bon et si vénérable maréchal de Vioménil qui n'avait cessé de lui donner des marques de sa bienveillance, et lui écrivait encore à l'occasion de son mariage pour le féliciter et l'assurer de son affectueuse protection dans sa carrière.

Au mois de juillet 1828, Madame la duchesse de Berry qui parcourait les provinces de l'Ouest et du Midi vint à Saintes où elle fut reçue avec un véritable enthousiasme. Le récit de cet événement — c'en est toujours un grand pour une petite ville — fut envoyé par ma mère, dans une longue et curieuse lettre, à mon père alors en garnison à Valenciennes. Je fis publier cet intéressant récit en 1878, — date du cinquantenaire de ce voyage de MADAME — dans un journal de Saintonge, mais en ayant soin d'y supprimer quelques passages où l'auteur raillait avec autant d'esprit que d'à-propos la conduite de certains per-

son dévouement à la cause royale ; et, au retour de Napoléon de l'île d'Elbe, il fut le dernier à quitter son poste. Nommé pair et maréchal de France, le marquis de Vioménil ne laissa qu'une fille : Marie-Charlotte-Marguerite-Adèle de Vioménil, mariée en 1805 à René, marquis de la Tour du Pin Montauban, maréchal de camp, chevalier de Malte, commandeur de Saint-Louis, officier de la Légion d'honneur, décédée sans enfants ; son mari succéda à la pairie du maréchal de Vioménil, son beau-père.

sonnages qui, dans cette occasion, manifestèrent envers la princesse un empressement semblable à celui
qu'ils avaient montré lors du passage de Napoléon au
mois d'août 1808.

La marquise de Lage de Volude les ménageait en
core moins dans la correspondance qu'elle échangea
avec mon grand-père au sujet du voyage de Madame la
duchesse de Berry à Saintes. Mon grand-père, toujours dans une digne réserve, ne se présenta à la
royale visiteuse que sur son appel : la princesse, pré-
venue auparavant par Mme de Lage et le comte de Mes-
nard qui l'accompagnait, voulut « que M. de Bremond d'Ars, si compétent sur l'histoire de la Saintonge et de l'antique cité gallo-romaine, vint lui en
montrer les monuments les plus curieux. » (1)

Le compte-rendu de cette réception n'oublie pas le
plaisant incident soulevé par une dame d'honneur
qui, au milieu de l'enthousiasme populaire, réclamait
vivement contre la plus légère infraction à l'étiquette
de la Cour. Contraste singulier avec la simplicité et
l'affabilité de Mme la duchesse de Berry, charmée de
l'accueil plein d'entrain et tout spontané des popula-
tions.

Le 6e hussards alla au camp de Saint-Omer, réunion de troupes qui marqua à cette époque par la re-

(1) Les articles du journal, *le Courrier des Charentes* ont été ti-
rés à part en une petite brochure de six pages. Saintes, impr.
A. Hus, 1878.

vue du roi Charles X, peu de temps après son sacre. Le régiment retourna ensuite à Valenciennes : là, mon père revit son ancien camarade de Fontaine-bleau, le baron Pas de Beaulieu. Le 21 août 1828, le régiment se rendit à Dijon où il tint garnison jusqu'au 21 août 1830.

Il se félicitait également de cette nouvelle résidence dans une ville aussi bien habitée, car parmi les principales familles du pays, il avait l'avantage d'y trouver comme à Laon, les proches parents de mon grand-père maternel, MM. d'Archiac-Saint-Simon, établis en Bourgogne par leurs alliances avec toute la noblesse de la province.

Mais il fut bientôt appelé à Saintes auprès de sa mère mourante. Mon grand-père a laissé le touchant récit de cet événement si douloureux pour mon père dont la piété filiale fut si constamment exemplaire (1).

A cette occasion, M. de Montmorency, en transmettant à mes parents l'expression de ses affectueux compliments de sincère condoléance, priait encore mon père de renouveler ses démarches pour la garde royale ; mais il avait déjà renoncé à ce changement et préféra rester à son régiment de hussards où il avait déjà conquis toutes les sympathies des officiers.

(1) Ma grand'mère mourut à Saintes, le 5 janvier 1829, âgée de soixante-quatorze ans. Sa sœur, ma marraine, la suivit dans la tombe, dix jours après

*
* *

Mon père refusa également de permuter avec un officier supérieur des Gardes du Corps, comme le marquis d'Elbée, l'un de ses anciens camarades de l'école militaire, l'y engageait par une longue lettre où il lui démontrait tous les avantages de cette permutation.

A cette même époque, la correspondance de M. de Montmorency avec tous ses amis et parents se ralentit beaucoup. Profondément affecté des événements politiques de 1830, il le fut bientôt davantage par l'état de santé de Mme de Montmorency qui, de plus en plus affaiblie par de continuelles souffrances, ne tarda pas à succomber. C'est alors qu'il se rendit à Rome où il vécut dans la retraite et les pratiques de la plus haute dévotion. Cependant, de loin en loin, il donnait de ses nouvelles, et saisissait les rares occasions que lui offraient les ecclésiastiques et religieux revenant de Rome en Saintonge, pour se rappeler au souvenir de mes parents, et adresser à ma mère différents livres et objets de piété qui m'étaient destinés : se souvenant, sans doute, que s'il n'avait point voulu, par excès de scrupule, devenir responsable de mon salut comme parrain, il n'oubliait pas d'y contribuer indirectement.

Durant ses voyages en Italie, M. de Montmorency s'était lié avec la famille de Maistre, et l'on ne fut pas tout à fait étonné lorsque, peu d'années après son veuvage, on apprit que, malgré son âge avancé, il épousait Mlle de Maistre, fille du feu comte Joseph de Maistre, le célèbre écrivain philosophe et homme d'Etat dont il avait constamment admiré les écrits et partagé les opinions.

En 1837, à la mort de son frère, le duc Adrien, M. le marquis de Montmorency devint prince-duc de Laval et le chef, et aussi le dernier représentant mâle de la branche de Montmorency-Laval, son frère n'ayant laissé que deux filles, Mmes la duchesse de Levis Mirepoix et la marquise de Couronnel.

Le duc de Laval mourut à Paris, le 2 avril 1851, âgé de soixante-dix-huit ans. Par son testament du 19 mars 1848, il avait légué toute sa fortune au frère de sa femme, M. le comte Rodolphe de Maistre (1).

Quand éclata la révolution de juillet, mon père se trouvait encore en garnison à Dijon et commandait le 6e hussards en l'absence du colonel, le comte du Pont de Compiègne. Les nouvelles de Paris n'arrivaient pas alors avec la même célérité qu'aujourd'hui; les événements de la capitale étaient encore à peu près ignorés, et les habitants de la ville recevaient la visite de Mme la duchesse d'Angoulème qui revenait

(1) Anne-Nicole-Constance de Maistre, duchesse douairière de Laval, est morte le 2 avril 1882, âgée de quatre-vingt-huit ans, au château de Borgo, près de Turin.

des eaux de Vichy. La princesse elle-même ne s'en doutant pas de la gravité de la crise politique, assistait à un spectacle donné en son honneur ; mais voilà un courrier qui vient annoncer que l'on se bat à Paris et que les émeutiers sont victorieux. Les cris révolutionnaires mêlés à ceux de vive la charte, succèdent tout à coup aux acclamations royalistes. Mme la Dauphine, sans se troubler, se décide à se remettre de suite en route pour rejoindre le Roi. Elle partit le lendemain, 30 juillet, à cinq heures du matin ; le lieutenant-colonel des hussards qu'elle connaissait personnellement se mit à la tête d'un peloton désigné pour protéger sa sortie de la ville. Mon père l'escorta jusqu'à une certaine distance de Dijon, et se disposait à la suivre bien au delà si, l'infortunée et courageuse princesse ne lui eût ordonné, en lui témoignant sa gratitude, de retourner à son poste pour maintenir l'ordre dans la ville. A leur retour, comme à leur départ, les braves cavaliers eurent à subir les injures de la populace excitée par les meneurs du parti républicain. Les voies de fait accompagnaient ces injures, et une grêle de pierres assaillirent les hussards. Sans la protection de son ceinturon et de sa sabretache, mon père eût été grièvement blessé.

Tel est le récit que je lui ai entendu faire de cet événement. Il ne dit rien de ce qui le concerne personnellement dans un rapport qu'il adressa au général de Castellane, alors à Lyon, et qui venait d'inspecter le régiment à Dijon : car, en somme, l'agitation avait été de courte durée, grâce aux sages et énergiques mesures prises par les autorités civiles et militaires.

« Le 1er août, la garde nationale s'organisa, lisons-nous dans ce rapport, et le calme se rétablit. Cependant une partie des sous-officiers du régiment, en relations avec beaucoup d'habitants, étaient impatients de prendre la cocarde tricolore, ce que l'on ne voulut pas leur permettre avant d'avoir reçu les ordres du gouvernement »; cet ordre vint peu après avec celui d'arborer le drapeau aux trois couleurs. »

Le rapport conclut que « dans tous ces événements, la tranquillité n'a cessé de régner au régiment, chacun est resté à son poste ; les officiers et hussards n'ont employé que les moyens de persuasion et de douceur pour engager les habitants à se retirer dans leurs demeures ; et cet heureux résultat ne peut être raisonnablement attribué qu'à l'attitude et à la fermeté que, dans ces circonstances difficiles, ont montrée MM. les officiers du 6e hussards. »

Cela ne satisfaisait pas les meneurs du parti républicain. Dénoncé à Paris pour avoir été fidèle à la consigne de tout soldat et au devoir de tout homme de cœur, le lieutenant-colonel fut mis en retrait d'emploi. Mon père resta donc quelque temps en non-activité de service. Il avait cependant, par les mesures les plus modérées, contribué à prévenir un sérieux conflit entre le régiment et les habitants (1)

(1) Dans son « Journal », le maréchal de Castellane parle du 6e hussards, qu'il inspecta quinze jours après ces événements

Mon père, réintégré dans son grade comme lieutenant-colonel du 16ᵉ chasseurs, alors en garnison au Mans par une lettre du maréchal comte Gérard, ministre de la guerre, en date du 7 septembre, fut bientôt en butte à de nouvelles dénonciations. Il reçut du ministère l'avis qu'il lui était accordé « un congé illimité, et l'autorisant à se retirer dans ses foyers », sa nomination au 16ᵉ chasseurs étant annulée. (1)

Le général Lamarque, le célèbre député des Landes, commandant supérieur des divisions militaires de l'Ouest, peu suspect de favoriser les officiers appartenant à des familles royalistes s'étonna de cette injuste mesure. Il écrit au ministre de la guerre le 13 novembre qui s'empresse de revenir sur une décision évidemment surprise à son insu. En informant

« Le colonel, M. de Compiègne, a donné sa démission. Les ambitions sont en mouvement : beaucoup de jeunes officiers de mérite sont menacés de perdre leur état sous prétexte de leur attachement au roi Charles X. Je les ai engagés à ne point donner leur démission. » Il ajoute en note : « J'en conservai beaucoup à l'armée dans cette inspection : depuis, ils ont fait leur chemin. » Mais il est moins juste quand il dit : « Le 6ᵉ hussards a défilé au galop à la débandade. Ce régiment n'est fort sous aucun rapport ; il a cependant de bons éléments. Les sous-officiers de ce corps sont venus en masse me témoigner l'inquiétude d'être maltraités par les officiers, à cause de leur conduite lors des derniers événements. Je les ai rassurés. Ils auraient été charmés d'en faire renvoyer pour avoir de l'avancement. Voilà le fait. »

Journal du maréchal de Castellane, t. II, p. 365.

(1) Lettre du 31 octobre 1830, signée du général comte Gentil-Saint-Alphonse.

mon père du résultat de ses réclamations, le général Lamarque ajoute dans sa lettre du 22 novembre.

« Je me félicite, M. le colonel, d'avoir pu, dans cette circonstance, provoquer du ministre une justice qui vous était due, en conservant à l'armée un officier supérieur aussi digne que vous à la tête des braves du 16ᵉ chasseurs. »

Par son noble et loyal caractère, votre grand-père, mes chers Enfants, fut constamment respecté, même des partisans d'idées politiques opposées aux siennes. Il est vrai de dire aussi que le ministère de la guerre était occupé depuis peu par le maréchal Soult qui avait toujours particulièrement affectionné l'ancien capitaine du 21ᵉ chasseurs dont il avait pu juger le dévouement et la bravoure au combat d'Orthez et à la bataille de Toulouse. Nous verrons que mon père eut sans cesse à se louer du duc de Dalmatie, juste appréciateur du mérite de ses officiers.

Le général de Rumigny, son ancien camarade de l'Ecole de Fontainebleau, aide-de-camp du roi Louis-Philippe, informé des dénonciations portées contre le lieutenant-colonel du 16ᵉ chasseurs, lui avait écrit du Palais-Royal, le 13 novembre 1830, le billet amical suivant où nous voyons que ces attaques venaient probablement de quelque officier hostile à son ancien chef.

« Mon cher camarade, je m'étonne qu'il puisse se trouver parmi nos anciens frères d'armes des gens assez fous pour ne pas apprécier l'état de la France, et ne pas bien servir un gouvernement qui, seul, la préserve de l'anarchie, et attaquent ses braves serviteurs. Toutes les atteintes portées à leur situation me peine et me chagrine, et je serai heureux de vous aider à déjouer leurs intrigues.

Je n'ai jamais oublié mon ancien caporal, et n'oublierai pas surtout combien il fut bon et obligeant pour moi, il y a vingt cinq ans passés. »

Votre tout dévoué,
Théodore de Rumigny.

« Je vais aller au ministère de la guerre : envoyez-moi une note pour le ministre. »

Le lieutenant-général de Rumigny, né en 1789, mort à Paris en 1860, avait été aide-de camp du duc d'Orléans dès 1818.

Le ministre était alors le maréchal Gérard qui était remplacé quatre jours après par le maréchal Soult, dont mon père était bien connu, et ce fut lui qui écrivait au général Lamarque, le jour même de son entrée au ministère de la guerre.

.*.

Le 21 avril 1831, mon père était nommé officier de la Légion d'honneur, après plus de seize ans de grade de chevalier.

Enfin, le maréchal Soult lui faisait donner le commandement du 3ᵉ régiment de dragons, par ordonnance royale du 5 août 1831. Mon père remplaçait le colonel Milet, lequel avait succédé lui-même au colonel baron Desaix, neveu du héros, tué à Marengo. Mon père rejoignit aussitôt son nouveau régiment alors à Provins. Cet ancien et beau régiment de dragons avait passé la revue du Roi à Paris, le 1ᵉʳ mai auparavant; il était envoyé à Provins, « en témoignage de satisfaction », Provins étant garnison ordinaire de la Garde Royale.

*
* *

Avant de se rendre à Provins, mon père s'arrêta quelques jours à Paris : et, dans une lettre à ma mère, il rend ainsi compte de sa visite au maréchal Soult. ministre de la guerre :

« ... Arrivé hier, je suis allé voir le général de Préval, directeur de la cavalerie au ministère. Il a tenu à me présenter lui-même au maréchal qui m'a accueilli avec cette bienveillance qu'il m'a constamment témoignée.

« On vous a donné, me dit-il, un régiment qui, d'après tous les rapports que j'en ai reçus, est aussi beau que bon. » Comme je l'en remerciais, il répondit aussitôt : « C'est au Roi que vous devez votre nomination ; Sa Majesté vous a désigné, persuadée que vous justifieriez ce choix tout personnel, etc. » Le maréchal m'entretint encore assez longuement et me parla de mon ancien régiment en Bretagne.

« Je retournai ensuite chez le général de Préval qui me donna des instructions relatives aux dragons et à l'organisation nouvelle, etc. »

Vingt-sept ans auparavant, le même général, alors colonel de cuirassiers, correspondait avec mon grand-père pour lui conseiller de ne point laisser son fils s'engager comme simple soldat, mais de le faire admettre à l'Ecole militaire de Fontainebleau récemment créée.

Ce sage avis avait sans doute décidé de l'avenir du jeune volontaire.

La réputation du 3ᵉ dragons était donc déjà bien établie. et le nouveau colonel n'avait qu'à se louer d'en avoir obtenu le commandement. Parmi les nombreuses félicitations qu'il reçut à cette occasion. je citerai celle du général Marbot, excellent juge du mérite des officiers comme de la valeur des troupes. Il s'empressa de joindre ses compliments.

« ... C'est avec bien du plaisir, mon cher colonel, que j'ai vu votre avancement, écrivait-il à mon père, et je félicite le 3ᵉ régiment de dragons de vous avoir pour chef (1). »

* *

Le 3ᵉ dragons, d'après son historique aussi intéressant que complet. composé en 1892 par le capitaine

(1) Jean-Baptiste-Antoine-Marcelin. baron de Marbot, grand-officier de la Légion d'honneur, général de division, pair de France, aide de camp de M. le duc d'Orléans et de M. le comte de Paris, né en 1782, mort en 1854. et bien connu comme écrivain militaire.

André de Bonnières de Wierre, actuellement lieutenant-colonel du régiment, et illustré par le commandant Ameil, fut levé le 17 janvier 1649, sous le nom
d'Enghien-cavalerie, par le grand Condé, pour son fils
aîné, le duc d'Enghien.

Mon père en était le 36ᵉ colonel par ordre chrono-
logique. Parmi ses prédécesseurs — mestres de camp,
lieutenants, chefs de brigade et colonels du régiment
avant la Révolution, — nous relevons les noms
de Coligny, Chamilly, Champagne La Suze, Sain-
trailles, Choiseul, Crussol d'Uzès Montausier, Coigny,
La Guiche, d'Hunolstein, Roncherolles, d'Hangest,
etc (1). Durant ses deux siècles et demi d'existence,
le régiment a largement payé le tribut du sang, et
l'auteur de l'historique relève les noms de près de
trois cent cinquante officiers, sous-officiers et soldats
qui périrent sur les champs de batailles, sans compter
un grand nombre de blessés. A la seule bataille
de Rosbach, le régiment eut plus de soixante-dix
hommes tués ou blessés.

Votre grand-père ayant commandé le 3ᵉ dragons
pendant près de dix ans et demi, vous trouverez naturel, mes chers Enfants, que je rappelle le glorieux
passé de ce brave régiment dont la réputation était
telle dans l'armée sous tous les rapports, qu'en 1833,

---

(1) *Historique du 3ᵉ Régiment de Dragons. 1649-1892* : un vol.
grand in-8º. Nantes, Bourgeois, 1892. — Le colonel de Séroux est
aujourd'hui le cinquantième successeur du premier mestre de
camp.

le maréchal Soult, alors ministre de la guerre, répéta plusieurs fois à mon père et aux officiers supérieurs : « J'en suis encore à recevoir la plus petite plainte contre le 3ᵉ Dragons. » Le régiment tenait garnison à Paris depuis quinze mois : du mois de novembre 1833 au mois d'avril 1834 (1).

En revenant en arrière, nous voyons qu'en 1831, les quatre premiers escadrons organisés sur pied de guerre partirent de Provins le 15 septembre ; le régiment faisait partie de l'armée du nord, destinée à soutenir la Belgique contre la Hollande, et formait, avec le 9ᵉ dragons, la 1ʳᵉ brigade (général baron Dornier) de la 1ʳᵉ division de cavalerie (lieutenant-général comte Dejean).

Dirigés d'abord sur Givet, où ils s'attendaient à franchir la frontière, les escadrons reçurent contre-ordre à Charleville et prirent successivement leurs cantonnements dans les environs de Donchéry, Hirson et Vervins. Ils reçurent la gratification d'entrée en campagne, et traités sur le pied de rassemblement, restèrent dans leurs cantonnements jusqu'au 30 novembre, époque de leur départ pour Valenciennes, où ils arrivèrent le 2 décembre. »

Mon père, dans une lettre datée de Paris, du 18 février 1833, parle d'une revue où le 3ᵐᵉ dragons eut encore un brillant succès.

« Hier, le Roi nous a passé en revue dans la cour

(1) *Historique du 3ᵉ Dragons*, page 119;
(2) *Idem*, page 118.

des Tuileries et m'a vivement complimenté, ainsi que M. le duc d'Orléans sur mon régiment. Le soir, j'ai dîné au château : la Reine, les Princes et Madame Adélaïde m'ont dit également les choses les plus gracieuses. Le matin, j'avais une audience de M. le duc d'Orléans qui m'a répété les paroles les plus obligeantes, me faisant force compliments sur le régiment, le corps des officiers et la manière dont tout était tenu. — Ces éloges me touchent beaucoup, car je les dois et les reporte à mes excellents officiers et braves dragons. J'en ai reçu de tous les généraux qui étaient hier soir aux Tuileries ; c'étaient mes meilleures et anciennes connaissances, MM. de Rumigny, Marbot, de Grouchy, de Castellane. Ce dernier a été d'autant plus aimable, que j'avais eu avec lui quelque petite discussion lors d'une inspection à Dijon, etc. »

C'est probablement une allusion à l'inspection passée par le général de Castellane au mois d'août 1830 dont j'ai parlé.

A l'époque de l'invasion du choléra en l'année 1832, la Picardie ne fut pas plus épargnée que le reste de la France ; cependant, le 3ᵉ dragons, en garnison à Amiens, n'eut point à en souffrir.

Dans une lettre datée d'Amiens, le 1ᵉʳ mai 1832, mon père donnait les détails suivants :

« ... J'ai écrit tous les trois jours à ma femme

pour calmer son inquiétude à mon égard, mon cher
père. La maladie semble diminuer un peu dans la
ville, bien que le département et beaucoup de communes qui bordent la Somme soient ravagés par le
choléra. Jusqu'à présent, mon régiment en a été pré-
servé. Mais il faut dire que l'on a pris bien des précautions. On a d'abord assaini les casernes, et la santé
des hommes est l'objet des soins les plus minutieux.
Ils reçoivent des rations de vin et de riz ; on leur a donné des ceintures et bas de laine ; avec cela très peu
de travail. Jamais ils n'avaient été choyés de la sorte.
Le résultat est très satisfaisant, et les ivrognes qui
ne faisaient que boire de mauvaise eau-de-vie tous les
matins, se sont mis au café au lait ; c'est une méta-
morphose complète dans leur régime. Il est vrai que
ce fléau est effrayant, et la peur a produit son effet
pour ne pas s'écarter des prescriptions d'hygiène
essentielles dans la circonstance. »

A la fin de mai de cette année, le 3ᵉ dragons dût
envoyer quatre escadrons à Péronne pour le passage
du roi des Belges, Léopold Iᵉʳ, qui venait à Compiègne
pour épouser la princesse Louise, fille du roi Louis-
Philippe.

Je trouve dans une lettre de mon père, écrite à ma
mère à cette époque, le récit détaillé de ce voyage des
dragons à Péronne.

Péronne, le 1er juin 1832.

« Je vous donne encore de mes nouvelles aujour-
d'hui, devant partir de Péronne demain matin, pour
retourner à Amiens où je serai le 3 dans l'après-midi.

Le roi Léopold est revenu de Compiègne, et n'a
fait que changer de chevaux à quatre heures. Je l'ai
escorté une lieue avant et après la ville. Il m'a fait
de grands compliments sur mon régiment. Sa Majesté
m'en a encore beaucoup parlé au déjeuner auquel le
roi m'avait invité le 29 mai. Le duc de Choiseul, qui
accompagnait le prince, s'est joint à Sa Majesté pour
exprimer tous les éloges possibles. Le roi nous a
ensuite annoncé presque officiellement son mariage
avec la princesse Louise, fille du roi Louis-Philippe.
Je crois que ce sera dans un mois.

« Ce prince est fort gracieux et remarquable par
sa distinction personnelle et la façon dont il s'exprime.

Avant de nous congédier, lorsque nous l'escortions,
le roi a voulu mettre pied à terre pour passer la
revue du régiment qu'il a trouvé fort beau. J'ai donc
défilé devant Sa Majesté qui ne tarissait pas en éloges
sur mes dragons qu'Elle trouvait superbes.

« Tout en faisant la part à cette politesse naturelle
aux princes, et aux louanges dont se compose le langage de cour, la vérité m'oblige d'avouer moi-même
que mon régiment avait alors fort bonne mine, et
qu'il était joliment tenu et paqueté · officiers et sol-

dats s'étaient piqués d'honneur pour paraître devant le roi des Belges et mériter son attention.

« Voilà, en peu de mots, le récit de ma course à Péronne. Demain matin, je pars à huit heures pour aller coucher à Albert (autrefois Ancre), à six lieues d'ici, et j'arrive à Amiens après demain. »

A peine ces escadrons étaient-ils rentrés à la garnison, qu'ils repartirent sous les ordres du colonel pour se diriger sur la frontière de Normandie où l'on craignait la contagion des troubles de la Vendée. Pour cette fois encore, ce ne fut qu'une démonstration : les escadrons ayant reçu contre-ordre en route, se dirigèrent sur Tours où ils arrivèrent le 9 juin (1). » Ils n'y restèrent que six mois, comme on l'a dit. De Paris, le régiment va tenir garnison à Beauvais. Au mois d'août, les quatre premiers escadrons firent partie du camp de Compiègne que commandait M. le duc d'Orléans, et rentrèrent à Beauvais le 7 octobre (2).

.

Le 3ᵉ dragons était inspecté, l'année suivante, par le lieutenant-général comte de la Roche-Aymon, ancien pair de France, l'un de nos meilleurs généraux de cavalerie, comme il l'avait prouvé dans la dernière guerre d'Espagne où il commanda une division en remplacement du général Donnadieu. Auteur de plu-

(1) *Hist. du 3ᵉ Dragons*, p. 119.
(2) *Id*. id.

sieurs ouvrages sur l'art militaire et l'organisation
des troupes, c'était un juge excellent pour faire valoir
le mérite du régiment, naguère fort admiré du roi des
Belges. Mais dans ce rapport élogieux et fort juste de
l'inspecteur général au ministre de la guerre, on ne
sembla tenir aucun compte des propositions faites
si consciencieusement par le général de la Roche-
Aymon. Mon père, toujours préoccupé de l'intérêt de
son régiment et de tout ce qui pouvait favoriser l'avancement de ses officiers, et mécontent de cet oubli, s'en
plaignit vivement au général inspecteur dont il était
personnellement connu de longue date, et auquel il
pouvait parler en toute confiance pour faire connaître
au ministre leurs pénibles déceptions. Le général de
la Roche-Aymon se fit immédiatement l'interprète
de ces réclamations auprès du nouveau ministre de la
guerre, le maréchal marquis Maison, qui venait de
succéder au maréchal Mortier, tué auprès du Roi par
la machine infernale.

« Je vous envoie, mon cher colonel, la lettre du ministre de la guerre, répondait le comte de la Roche-
Aymon ; sa teneur vous prouvera avec quelle énergie
j'ai pris votre défense et fait valoir les droits de votre
si bon, si brave régiment. Je serai toujours heureux
de lui rendre justice, et de contribuer à lui faire obtenir les récompenses qu'il mérite. Que MM. les officiers soient donc bien persuadés que si j'avais autant
de pouvoir que de bonne volonté, ils n'auraient personne plus dévoué à leurs intérêts. Adieu donc, mon

cher colonel : inspecteur ou non croyez toujours à ma sincère et affectueuse amitié. »

Voici cette lettre du maréchal Maison, au général comte de la Roche-Aymon, et datée du 27 mai :

« J'ai reçu, général, la lettre que vous m'avez adressée, le 25 courant, pour me faire connaître que le 3° régiment de dragons que vous avez inspecté l'année dernière, n'a pas obtenu dans les promotions qui ont eu lieu à l'occasion de la fête du Roi, la part à laquelle les rapports et les propositions de l'inspection générale pouvaient lui permettre de prétendre.

Je regrette vivement que ce régiment n'ait pas été traité selon son mérite, mais le travail dont vous me parlez ayant été fait avant mon arrivée au ministère, j'y suis resté tout à fait étranger.

Si de nouvelles récompenses sont accordées à l'armée lors des fêtes de juillet, je ferai en sorte de réparer autant que possible cet oubli, en remettant sous les yeux du Roi les titres du 3° régiment de dragons, et spécialement ceux des officiers que vous me désignez. »

*
* *

Au mois de mars de cette année 1833, mon père, mes chers Enfants, eut encore un nouveau deuil bien douloureux pour son cœur si aimant et si dévoué. Il perdit son excellente tante la chanoinesse dont je vous ai déjà parlé. Elle mourut à Saintes, le 30 mars, âgée de soixante-dix ans. Je copie une touchante lettre que mon grand-père écrivit à sa belle-sœur du Masgelier.

« Plaignez-moi, ma chère sœur ; la perte que je viens de faire renouvelle des plaies à peine cicatrisées, et je n'ai plus personne à qui en confier l'adoucissement... Je rentre à mon foyer, sans y retrouver celle à qui j'épanchais mon cœur plein de si douloureux souvenirs !.. Je rentre dans cet appartement où dix fois chaque jour je me rendais pour voir, pour entendre, pour entretenir celle qui m'a aimé au delà de toute expression, et de qui, depuis quatre ans, je ne me séparais qu'avec la certitude de retrouver les témoignages de sa tendre affection.

« Tout est fini, chère sœur... tout est fini ! Plus de cœur qui comprenne le mien, plus de larmes qui se mêlent aux miennes !.. Mais qui saura apprécier l'étendue de mes regrets ? Qui, désormais, me parlera d'elle ? Qui aura, comme cette âme si noble, si grande, ce courage, cette résignation si énergique et pourtant si modeste ? Ah ! si je pouvais vous dire jusqu'où sa délicate tendresse pour moi a été ingénieuse à me cacher ses souffrances, la conviction d'une fin prochaine !.. Le matin encore elle disait son office, elle réglait un compte de ménage. Elle voulut, à dîner, prendre quelque aliment, sans doute pour m'en imposer sur le fatal moment qu'elle sentait approcher... Cependant, elle n'avait pu tenir levée ; elle se remit au lit ; et bien qu'elle n'expectorât plus ou très peu depuis quatre jours,

bien qu'elle éprouvât une grande fatigue à parler, elle
répondait à toutes mes questions. Ses yeux mourants
se portaient sur moi à la dérobée : je ne laissais sa
main que pour essuyer mes larmes...

« La bonne Mélanie (Mme de Bardines, née de Mànes)
également assise à ses côtés, recevait alors ses con-
fidences : « Mon frère se désole, lui disait-elle ». La
souffrance, heureusement, n'était pas très vive. A cinq
heures, je la trouvai plus accablée : elle semblait se
ranimer quand je pressais mes lèvres sur son front
ou sur sa main. Elle serra la mienne, à deux reprises,
avec une force extrême. Elle se fit lire par Mélanie
l'évangile du jour, et murmurait : « Pauvre humanité !
que serait-ce la vie sans l'espoir du ciel ! » ce furent à
peu près ses dernières paroles. M. le curé de Saint-
Pierre vint peu d'instant après : elle lui fit connaître
qu'elle l'entendait très bien. Une sueur froide couvrit
sa peau au moment de l'extrème onction ; son pouls
était déjà imperceptible et l'ombre de la mort l'enva-
hisssait. A la seconde onction, son cœur cessa de
battre, mais non pas de m'aimer !...

Chère et incomparable amie ! elle jouit sans doute,
dans le sein de Dieu, du bonheur dû à tant de vertu !

« Qu'il m'est affreux de me trouver seul dans ces
lieux où depuis notre enfance, où surtout depuis mon
veuvage, son ingénieuse tendresse n'était occupée
qu'à me dédommager des peines et des ennuis qui
semblent se succéder pour empoisonner les derniers
jours de ma vieillesse !

« Votre amitié, chère sœur, comprend quelle est ma position. Je compte sur elle pour recevoir les consolations dont j'ai tant besoin. Oui, parlons sans cesse de ceux que nous avons tant et si justement aimés : ils nous voient, ils nous désirent, ils prient pour nous : nous serons donc réunis à eux ! A notre tour, nous les reverrons tous... Ah ! chère amie, quel délicieux espoir ! mais qu'il serait cruel de ne le voir réalisé qu'après de nouveaux déchirements de nos cœurs !.. »

Par son testament, la comtesse Sophie avait demandé d'être enterrée comme les pauvres : ce désir de l'humble et sainte femme fut respecté de sa famille ; et si quelque survivant de ses anciens persécuteurs avait pu voir le modeste convoi de cette vrai chrétienne, il eut reconnu que *la fille Bremond*, que les révolutionnaires voulaient, jadis, dépouiller à la fois de ses biens et de ses souvenirs héréditaires, était allée au devant de leurs souhaits, en renonçant elle-même à la gloire de ce monde pour l'amour de Dieu et de son prochain.

*
* *

Les années suivantes, le 3ᵉ dragons occupe successivement les garnisons de Lunéville, Pont-à-Mousson, Huningue, Belfort ; en 1838, il va au camp de Lunéville, de juillet à octobre : vient ensuite à Vesoul et est envoyé à Nancy en 1840, et de là à Nevers et Moulins à la fin de l'année 1841.

Le 23 décembre, mon père était nommé maréchal de camp par ordonnance royale contre-signée du maréchal Soult, ministre de la guerre, et remplacé dans le commandement du 3ᵉ dragons, par M. Hanus de Maisonneuve, lieutenant-colonel du 5ᵉ dragons, et qui avait, comme son prédécesseur, fait les campagnes de Pologne de 1807 et 1808, et pris part à celles d'Autriche, de Russie, au siège de Dantzick en 1813, et fait les campagnes d'Espagne en 1823 et de Belgique en 1831. Le colonel de Maisonneuve avait été blessé à Wagram et à Dantzick (1).

* * *

Aux différentes promotions qui eurent lieu, notamment en 1840, année où elles furent plus nombreuses, les amis de mon père s'étonnèrent, à juste titre, de ne point l'y voir compris. Il avait eu cependant la promesse d'être nommé. Mais, je le répète, les ministres n'étaient pas libres, et leur propre action administrative était sans cesse entravée par des influences politiques devant lesquelles il leur fallait céder.

Les princes d'Orléans eux-mêmes, si dévoués aux intérêts de l'armée, subissaient cette pression néfaste, et se trouvaient en quelque sorte tenus à l'écart.

(1) L'*Historique du 3ᵉ Dragons* place le colonel de Bremond d'Ars comme le successeur immédiat du colonel Desaix ; cependant le premier est dit, dans la lettre officielle du 8 août, signée du maréchal duc de Dalmatie, appelé au commandement du régiment en remplacement de M. Milet, admis à faire valoir ses droits à la retraite.

Nous en voyons la preuve dans les lettres que mon père recevait à ce sujet. Je citerai entre autres celle que lui écrivait le général Marbot, aide de camp de M. le duc d'Orléans, et qui n'avait cessé de témoigner à mon père la plus sincère affection, l'ayant suivi dans sa carrière avec un réel intérêt.

« Mon cher colonel, — lui écrivait-il le 12 février 1840, — personne ne connaît et n'apprécie mieux vos droits que moi: vous pouvez donc être certain que je ferai tout ce qui dépendra de moi pour les faire valoir auprès du ministre. De même, si Monseigneur le Duc d'Orléans était consulté, j'ai la conviction, comme vous-même devez le penser, que le suffrage de Son Altesse Royale vous serait on ne peut plus favorable. Mais, depuis plusieurs années, Monseigneur n'a aucune part à ce qui se fait au ministère de la guerre. On attribue au Prince une influence bien plus grande que celle qu'il a, en effet, sur les promotions. Mais si, comme je l'espère, on rend justice au vrai mérite, vous devez recevoir la récompense de vos bons services. Vous m'avez bien jugé en pensant que je vous suis tout dévoué. Malheureusement, je n'ai aucune influence et ne puis que recommander mes amis ; et je continuerai à le faire pour vous avec d'autant plus de chaleur, que je parle de conviction, en disant que je vous considère comme l'un de nos plus braves et excellents officiers. Recevez encore, mon cher colonel, la nouvelle assurance du sincère attachement de votre dévoué camarade   LE GÉNÉRAL MARBOT.

.*.

Parmi les nombreux officiers qui servirent dans le
3ᵉ dragons, sous les ordres de mon père, je tiens à
rappeler le souvenir du général Ambert, bien connu
comme militaire et écrivain de talent (1). Capitaine
instructeur pendant près de trois ans, avant de faire
partie de l'état-major du ministre de la guerre, il conserva pour son ancien colonel le plus affectueux dévouement, et ce fut bien réciproque, comme on le voit
dans sa correspondance. En 1842, sur le point d'aller
à Philippeville, il écrivait le billet suivant à mon
père :

« Dans une heure, je pars pour l'Afrique. J'ai solli-
cité moi-même la faveur d'aller au-devant des balles ;
mon métier n'est pas de rester dans les Etats-Majors.
Mᵐᵉ Ambert se rappelle à votre bon souvenir, mon
général : elle est triste de mon départ ; le maréchal

(1) Joachim Ambert, filleul du roi Joachim Murat et fils du
général de division baron Ambert, l'un des plus vieux généraux de l'armée, ancien compagnon de Moreau, entra fort
jeune dans l'armée et s'y était promptement fait remarquer par
les plus brillantes qualités. Successivement officier d'ordonnance du ministre de la guerre, chef d'escadron en 1843, lieutenant-colonel en 1847, nommé colonel de dragons en 1850, général de brigade au mois d'août 1857, commandant le département de la Meurthe en 1861, et d'une brigade de cavalerie
à Paris, en 1865, il était conseiller d'Etat au moment de la
chute de l'Empire. Le général Ambert est mort en 1890, âgé
de quatre-vingt-six ans. Pour plus de détails, voir l'ouvrage
de M. J. de La Faye, intitulé : *Le Général Ambert, sa vie et ses
œuvres*, Paris, 1892.

lui a dit que, s'il ne s'était pas séparé de sa femme, il serait capitaine en retraite. « Mais, a-t-elle répondu, toutes les séparations n'assurent pas d'aussi beaux résultats. »

« Veuillez recevoir mes adieux, mon cher général, et être assuré que demain, comme dans dix ans, je serai toujours reconnaissant de vos bontés pour le capitaine instructeur du 3ᵉ dragons. »

Ardent et enthousiaste, le capitaine Ambert ne s'accommodait guère de la vie monotone des garnisons. En 1839, il s'était fait mettre en non-activité pour aller en Amérique. Il y emmenait sa femme et son enfant, espérant se créer une position plus conforme à son caractère entreprenant et courageux. Comme Châteaubriand, il croyait trouver dans le Nouveau-Monde les merveilleux avantages de la liberté et des progrès de toute sorte. Il partait avec toutes les illusions de la jeunesse et toute l'indépendance que donne la fortune. Arrivé à Londres et au moment de s'embarquer pour les Etats-Unis, il renouvelait ses adieux à son ancien colonel :

« Pensez quelquefois à moi, lui écrivait-il ; et lorsque la tempête secouera les fenêtres de votre tranquille demeure, je serai peut-être, le fusil à la main, au fond des forêts vierges, chassant les buffles sauvages, ou bien luttant contre les flots de quelque grand fleuve. Le repos m'est odieux. Mais je n'oublierai jamais mon ancien chef, etc. »

Un an après, tous ces beaux rêves d'une âme généreuse s'évanouissaient, et le brave capitaine revenait avec joie en Europe.

De même à son retour, comme à son départ, l'une de ses premières pensées était pour son colonel qu'il affectionnait si sincèrement : et il ne craignait pas d'avouer ses cruels mécomptes.

« Notre voyage a été assez heureux, écrivait-il de Paris, le 1ᵉʳ novembre 1840, mais, lorsque vous voudrez voyager avec agrément, n'allez pas en Amérique : si vous tenez à voir d'honnêtes gens, n'allez pas les chercher dans telles et telles villes... Si c'est la liberté que vous voulez connaître, ne vous donnez pas la peine d'aller si loin, etc... »

Le reste de la lettre est fort plaisant, et certainement très instructif, mais peu encourageant pour les explorateurs.

Le capitaine Ambert, remis en activité, n'en fut pas moins l'adversaire de la paix à tout prix : c'est le sujet de toutes ses lettres :

« L'épée dans le fourreau n'a plus d'éclair et gêne la marche : Napoléon, Bernadotte, Soult, Lannes et tous ces vaillants capitaines, n'ont marché vite que parce qu'ils avaient l'épée à la main, etc... »

Il était donc tout naturel qu'il désirât servir dans l'armée d'Afrique où l'épée ne restait point au fourreau. Comme le général Marbot, le capitaine Ambert exprimait à son ancien colonel son étonnement du passe-droit qui lui était encore fait.

Paris, 17 novembre 1840.

« J'espérais, mon Colonel, adresser cette lettre au nouveau général, mais j'ai été trompé dans mon attente. Plus que jamais le pouvoir parlementaire récompense les services parlementaires : il ne s'agit ni de la France grande et fière, ni de l'armée fidèle et résignée, ni des loyaux capitaines comme vous, blessés dans nos illustres guerres de l'Empire ; il ne s'agit que de la majorité des voix à l'heure du scrutin, de l'omnipotence des avocats et des trafiquants. J'en ai l'âme navrée...

« ... Partout règne l'inquiétude, et les colonels sont tristes et mécontents. Quelques hommes se réjouissent, comme d'autres se réjouissaient le 24 juillet 1830 ! — J'espère cependant que vous serez de la première promotion. Je suis au 9e hussards et officier d'ordonnance du ministre : mais toutes les positions, quelque belles qu'elles soient, ne peuvent obstruer mon intelligence et me fermer les yeux. Il faudrait de la force et de la justice, et nous n'en avons guère. La presse est toute puissante, la Chambre règne et gouverne ; et nous qui sommes le seul appui de la société, nous « l'Armée » servons de jouet aux rhéteurs. L'école Dupin fait autant de mal au pays que l'école de La Fayette en fit à la monarchie du XVIIIe siècle ; mais ces modernes girondins seront écrasés par de modernes montagnards, etc... »

*
* *

Mon père se trouvait à Paris quand il fut nommé maréchal de camp. C'est par son ami et parent, le comte Edouard de Saint-Légier, capitaine d'artillerie attaché au ministère de la guerre, qu'il en fut de suite informé et qu'il se décida à passer quelques semaines à Paris avant d'aller à Moulins où il lui fallait prendre congé de son régiment.

Dans sa correspondance avec ma mère et mon grand-père, mon père donne bien des détails sur ces quinze jours pendant lesquels il revit tous ses amis, heureux de le féliciter d'être enfin parvenu à obtenir justice. Le vénérable marquis de la Tour-Maubourg, l'ancien ministre de la guerre et gouverneur des Invalides, fut le premier à complimenter le nouveau général. Le maréchal Soult fut particulièrement affable envers lui, « chose assez rare », ajoute mon père. Le jour de l'An, à la réception des Tuileries, le Roi et la famille royale renouvelèrent à mon père les plus gracieuses félicitations ; « et Monseigneur le duc de Nemours, ajoute mon père, me fit l'honneur de s'avancer vers moi dès qu'il m'aperçut pour me complimenter dans les termes les plus élogieux, me rappelant nos séjours aux différents camps où mon régiment avait figuré. Dans les audiences particulières que j'eus ensuite de ce prince et de Monseigneur le duc d'Orléans, je n'ai eu également qu'à me louer de leur bon et cordial accueil. Monseigneur le duc d'Orléans m'assura lui-même que, dans cette circonstance, le maréchal Soult s'était personnellement déclaré en ma faveur, témoignage peu ordinaire de la sympathie du ministre pour un chef de corps. »

Huit jours après, mon père, dans un dîner aux Tuileries, recevait de nouveau du Roi et des Princes les paroles les plus bienveillantes et les plus flatteuses.

Le général de Bremond d'Ars se rendit ensuite à Moulins pour faire ses adieux à son régiment, en garnison dans cette ville.

Voici l'ordre du jour que l'ancien colonel avait déjà fait porter à la connaissance du 3e dragons :

« Le Roi a daigné me nommer maréchal de camp ; tout en appréciant cette haute récompense de mes services, je n'en éprouve pas moins un vif regret de m'éloigner d'un régiment que j'ai commandé pendant plus de dix ans. Je veux lui exprimer combien il m'est pénible de m'en séparer et le remercier des preuves d'attachement qu'il m'a données. Son excellente discipline, son instruction militaire et tous les bons sentiments dont il est animé pour le service du Roi et de la France, me sont un très sûr garant qu'il continuera à mériter la réputation dont il jouit. De loin comme de près, je m'associerai, en toutes occasions, à ce qui pourra lui advenir ; et je serai toujours heureux et fier d'avoir eu l'honneur de commander le 3e Régiment de Dragons. »

Le Maréchal de Camp,
VICOMTE DE BREMOND D'ARS.

Paris, le 25 décembre 1841.

.*.

Mon père ne resta pas longtemps à Moulins. Il en partait à la fin de janvier 1842, très empressé de revenir à Saintes auprès de sa famille, et surtout de revoir son vénérable père qui, depuis un mois, l'attendait avec une bien vive impatience.

Mon pauvre grand-père avait comme un vague pressentiment qu'il ne jouirait pas longtemps de la présence de son fils !

Dans son mémento-journal, il exprime à chaque ligne son vif désir de le revoir ; et l'on comprend sa joie d'être enfin témoin de l'heureux dénouement de cette longue carrière militaire qu'il suivait avec tant de sollicitude depuis plus de quarante années !

Mais l'âge et les infirmités devaient bientôt mettre fin à l'existence de notre chef vénéré. Le dimanche, 20 février, mon grand-père voulut, malgré un froid glacial, aller à pied, suivant son habitude, à la messe de la cathédrale qui avait lieu à huit heures : c'était de la plus grande imprudence. Aussi, le surlendemain, était-il obligé de s'aliter et le vendredi suivant, 25 février, une congestion pulmonaire l'emportait rapidement. Il avait eu cependant tout le temps de se préparer à la mort avec la résignation et le courage de toute sa vie, et de se montrer jusqu'à la fin le modèle du chrétien et du gentilhomme d'autrefois.

Votre aïeul, mes chers Enfants, fut longtemps inconsolable de la mort de son père ; et je me souviendrai toujours de la douleur de mes parents : moi-même, j'en garde le bien pénible souvenir, car mon bon et si excellent grand-père m'avait sans cesse montré la plus constante affection. Il semblait, dans les derniers jours de sa vieillesse, avoir, en quelque sorte, une certaine gratitude plus particulière envers celui de ses petits-enfants qui l'écoutait avec intérêt, durant ces longues heures de solitude où vivent les personnes âgées : leurs récits n'étant pas toujours faits pour attirer l'attention de la jeunesse.

Je reviendrai dans un autre livre, consacré plus spécialement à mes grands parents, sur la fin édifiante de mon aïeul. En attendant, je vous prie, mes chers Enfants, de ne jamais oublier le nom et la mémoire de ses vertus réellement dignes des brillantes qualités de son esprit.

Mon grand-père était âgé de quatre-vingt-deux ans et deux mois, étant né le 16 décembre 1759 (1).

***

Nommé, le 18 avril 1842, commandant du département des Deux-Sèvres, en remplacement du général Simon-Lorière, passé dans le cadre de réserve, le général de Bremond d'Ars avait refusé auparavant d'accepter le commandement de la Charente et en-

(1) Voy. Biographie Michaud ; — Biogr. Saintongeaise ; Biogr. de la Charente Inférieure ; — Dictionnaire Larousse : La grande Encyclopédie Ladmirault, etc.

suite celui de la Haute-Vienne qui lui fut donné à son insu ; le premier lui convenait mieux sous tous les rapports (1). La proximité de la ville de Niort, à peu de distance de Saintes, était un avantage ; et il trouvait ensuite dans cette résidence un grand nombre d'amis et de parents de notre famille.

Après la mort de M. le duc d'Orléans (13 juillet 1842), Mme la duchesse d'Orléans fit envoyer le portrait de l'infortuné prince aux généraux qu'il avait connus, avec la lettre suivante :

Les Tuileries, le 5 octobre 1842.

« Le Prince Royal parlait souvent, avec un intérêt particulier, des officiers généraux qui avaient servi sous ses ordres, dans les divers commandements qui lui avaient été confiés par le Roi.

« Mme la duchesse d'Orléans a pensé que vous aimeriez à recevoir un gage de ce précieux souvenir ; et, d'après son ordre, je m'empresse de vous faire parvenir le portrait du feu Prince. Elle vous prie de le conserver comme un témoignage de l'attachement qu'Il vous portait » (2).

(1) Correspondance échangée à ce sujet avec les généraux Demonts et baron Dulimbert.

(2) Cette lettre n'était, en réalité, qu'une circulaire adressée à beaucoup de généraux. Mais datant déjà de plus de soixante ans, elle est peut-être devenue rare à retrouver. C'est pourquoi je la reproduis comme une preuve du soin avec lequel mon père conservait tout ce qui lui rappelait le souvenir des princes

Nommé, au mois d'août 1844, commandant de la cavalerie du camp formé à Plélan, en Bretagne, le général de Bremond d'Ars en parle assez longuement dans sa correspondance. On y voit que les manœuvres ne furent point favorisées par le temps.

« Malgré un déluge véritable — dit-il — Monseigneur le duc de Nemours voulut, en arrivant, visiter le camp dans tous ses détails. Une pluie battante dura deux jours et deux nuits sans cesser, et nous suivions le Prince en pataugeant comme dans un marais. Néanmoins, la foule des curieux était considérable et affluait de toutes parts : on les comptait par milliers à chacune des visites du prince ; les étrangers furent encore plus nombreux, bien que toujours sous de continuelles averses, quand vint Mme la duchesse de Nemours. On vit arriver quantité d'équipages, beaucoup de dames en amazones, et aussi des ecclésiastiques et curés des environs auxquels Monseigneur le duc de Nemours faisait le meilleur accueil. »

Mon père parle aussi des fêtes qui eurent lieu à cette occasion à Rennes et à Saint-Malo, et des réceptions chez M. le comte de Cheffontaines. Le duc et la duchesse réunissaient ensuite fréquemment les généraux chefs de corps et les principaux officiers.

Ce camp avait été établi en Bretagne dans un but

qu'il avait connus. Ce portrait est une gravure de Calamat d'après Ingres.

politique, disait-on ; aussi fut-il l'objet de nombreux commentaires dans les journaux, des diverses opinions.

Il ne fut levé qu'à la fin de septembre (1).

Mon père revient souvent, dans ses lettres, sur l'accueil toujours aimable qu'il recevait de Monseigneur le duc de Nemours.

Par ordonnance royale du 22 août 1847, contresignée du maréchal comte Gérard, grand chancelier, le général de Bremond d'Ars fut promu au grade de commandeur de l'ordre royal de la Légion d'honneur : il était officier depuis seize ans.

Deux mois après, il était nommé inspecteur général du 6ᵉ arrondissement de gendarmerie, comprenant trois légions partagées entre douze départements. Il partit de Niort le 20 juillet pour cette longue tournée qui dura près de deux mois (2).

.

Au mois de mai 1848, le ministère de la guerre réorganisa les divisions et les subdivisions ; et, le commandement des Deux-Sèvres ayant été réuni à celui de Maine-et-Loire, le général de Bremond d'Ars se trouva disponible.

(1) Le camp de Plélan était composé d'une division d'infanterie sous le commandement du général de Rumiguy, aide-de-camp du Roi, et d'une brigade de cavalerie, commandée par le général de Bremond d'Ars.

(2) *Moniteur de l'Armée* du 20 juin 1847.

Les journaux du département furent unanimes, lors de son départ de Niort, pour exprimer les témoignages de sympathie de tous les habitants

« Le général de Bremond d'Ars — dit la *Revue de l'Ouest* — a contribué à maintenir l'ordre et le calme qui règnent dans les Deux-Sèvres ; en quittant notre ville, il emportera les regrets et l'estime de tous nos concitoyens. »

Durant les six années que le général de Bremond d'Ars commanda le département des Deux-Sèvres, il eut encore souvent le commandement intérimaire de la 12e division à Nantes : d'abord, quand le général comte Drouet d'Erlon fut nommé maréchal de France, et principalement lorsque le général Trézel allait siéger à la chambre des pairs.

Le général de Bremond d'Ars était revenu à Saintes habiter son vieil hôtel patrimonial qu'il avait fait restaurer, et ne comptait guère reprendre du service actif, lorsque le ministre de la guerre, qui connaissait sa compétence, le nomma inspecteur général de cavalerie par décision du 10 juillet 1848 (1).

C'était, en même temps, l'assurance d'un prochain et juste avancement ; car mon père joignait à tant de titres légitimes pour être nommé lieutenant-général, l'avantage d'être l'un des plus anciens maréchaux

(1) Cette inspection comprenait le 9e arrondissement de cavalerie, composé des 4e et 8e cuirassiers, à Amiens et Cambrai, 7e et 8e dragons, à Maubeuge et Compiègne, et du 9e hussards, à Lille. (*Journal Militaire*, 2e semestre de 1848, p. 428).

de camp. Il n'en fut rien cependant : l'élection du président de la République étant dirigée dans le sens contraire aux opinions politiques du général de Bremond d'Ars, il devait être naturellement écarté de la liste de promotion où il aurait pu figurer s'il avait voulu consentir à certaines concessions que repoussaient ses loyales et si constantes convictions royalistes.

Puis vint le décret qui supprimait le cadre de réserve pour les officiers généraux, et mon père fut admis définitivement à la retraite par décision du 12 novembre 1849.

*
* *

Rendu à la vie privée, mon père, mes chers Enfants, se consacra à ses concitoyens, très empressés d'ailleurs de l'accueillir avec une véritable et bien sincère affection. Ils furent heureux de la lui prouver à l'époque des élections législatives, en le désignant spontanément comme l'un des candidats à la députation.

Dans une première assemblée générale des électeurs de la ville de Saintes, le nom du général de Bremond fut l'objet des acclamations de tous les assistants, sincère hommage rendu à l'armée que mon père représentait aux yeux de ses compatriotes.

Mais cette manifestation contrariait les vues du comité qui avait provoqué cette réunion préparatoire, comité constitué sans mandat, comme il arrive assez ordinairement. Les secrètes tendances anti-militaristes — selon l'expression nouvelle pour désigner un sentiment qui ne date pas d'aujourd'hui, — se trouvaient par le fait singulièrement gênées. Néanmoins, les membres de ce comité résolurent aussitôt de faire échouer une candidature opposée à leur désir, malgré les sympathies unanimes de la classe populaire pour mon père. Les honnêtes électeurs de cette catégorie ne connaissant pas plus que leur candidat préféré, les détours et subtilités parlementaires, il était facile de les tromper et de déjouer leur volonté. C'est là l'un des plus grands vices du suffrage universel qui, partout, reste à la merci d'un groupe infime d'ambitieux, fort habiles à l'accaparer à leur avantage personnel et suivant leurs plans préconçus. Ils y réussissent invariablement au moyen de ces soi-disant comités-directeurs où l'on impose aux candidats des engagements dont ils se réservent, suivant l'occurrence, l'interprétation judaïque ; conditions ambiguës qui échappent à la perspicacité d'un gentilhomme et d'un soldat ; c'est ce qui devait arriver à mon père, sa franchise et sa loyauté l'empêchaient de prévoir les obstacles créés pour entraver sa candidature. Elle fut, en effet, écartée au profit d'une autre plus conforme aux opinions de cette catégorie de gens constamment hostiles aux représentants des vieux principes d'honneur et de fidélité.

Il faut aussi ajouter que les mesquines rivalités de familles, malheureusement assez fréquentes dans les meilleurs partis, contribuent beaucoup aux succès des politiciens plus hardis et moins scrupuleux que les vrais conservateurs.

Mais voici la simple et digne profession de foi que mon père avait adressée aux électeurs :

Aux Electeurs de la Charente-Inférieure.

Messieurs,

« Les élections à l'Assemblée législative auront lieu incessamment. Je viens solliciter vos suffrages. Soldat depuis quarante-trois ans, j'ai fait dix campagnes sous l'Empire. Dévoué à l'ordre social, gravement menacé par les doctrines subversives qui cherchent à anéantir la civilisation et la propriété, vous trouverez en moi l'homme du devoir qui désire fermement, comme vous, un Gouvernement juste, fort et protecteur des intérêts de tous. C'est vous dire que mes efforts tendront constamment à combattre les dangereuses utopies de ces hommes qui, dans leur folle ambition, veulent le bouleversement de la France ; et que je suivrai, dans la position que vous m'aurez faite, la ligne dont je ne me suis jamais écarté pendant ma carrière militaire. »

Agréez, Messieurs, l'assurance des sentiments distingués et dévoués de votre concitoyen.

Le Général de Bremond.

Saintes, le 15 avril 1849.

.˙.

Le nombre de voix recueillies par mon père fut bien restreint, car il n'avait point voulu poursuivre une lutte inutile et pour laquelle il lui répugnait d'employer des moyens souvent peu honnêtes.

.˙.

A la mort du roi Louis-Philippe, le général de Bremond d'Ars, fidèle à ses souvenirs, ne pouvait oublier les bontés que M. le Duc de Nemours avait eues à son égard, il écrivait aussitôt au prince :

MONSEIGNEUR,

« Permettez-moi de venir exprimer à Votre Altesse Royale mes douloureux sentiments sur la perte immense que vient d'éprouver Votre Auguste Famille.

J'ai la mémoire du cœur, Monseigneur, et je n'oublierai jamais les faveurs que j'ai obtenues du Roi. Veuillez bien croire à ma vive reconnaissance ; et, dans cette cruelle circonstance, daignez agréer les vifs regrets qui me sont inspirés. »

Je suis avec un profond respect,

Monseigneur,

De Votre Altesse Royale

Le très humble et très dévoué serviteur

COMTE DE BREMOND D'ARS,

Maréchal de camp en retraite.

Saintes, le 3 septembre 1850.

*
* *

Il recevait peu de jours après la réponse de Son Altesse Royale :

Claremont, le 10 septembre 1850.

« Je vous remercie, mon cher Général, pour l'expression de votre condoléance à l'occasion de la mort du Roi. J'en ai été bien touché, ainsi que de la fidélité de votre bon souvenir.

Je vous en donne l'assurance, avec celle de tous mes sentiments pour vous. »

Votre affectionné,
Louis d'Orléans.

à M. le général comte de Bremond d'Ars,
à Saintes (Charente-Inférieure).

Cette lettre de M. le duc de Nemours était accompagnée de celle de son aide-de-camp, le général comte Dumas :

Claremont, le 10 septembre 1850.

Mon cher Général,

« Je me suis empressé de remettre entre les mains de Monseigneur le duc de Nemours la lettre que vous m'avez envoyée pour Son Altesse Royale. Je vous remercie de vous être rappelé mes anciens liens avec le département de la Charente-Inférieure, et de m'avoir choisi pour l'intermédiaire de ce bon et si honorable souvenir de votre part. Il contribue à l'adoucissement de l'amère douleur que ressent notre excellent Prince pour la perte irréparable qu'Il a faite.

« Recevez, mon cher Général, l'assurance de mes sentiments de dévoué camarade. »

GÉNÉRAL COMTE DUMAS.

Au mois d'octobre 1852, le prince Louis-Napoléon Bonaparte, président de la République, passait à Saintes en revenant d'un long voyage dans le Midi.

Les vieux soldats, au nombre de trois mille, réunis à Saintes à cette occasion, demandèrent au général de Bremond d'Ars, leur compatriote, de les présenter au neveu de Napoléon (1).

Mon père qui avait été également convoqué comme conseiller municipal de la ville de Saintes, ne voulut point refuser ses anciens et braves camarades, et reprit, ce jour-là, son uniforme pour figurer à leur tête. Louis-Napoléon ne le connaissait point ; et lorsqu'il aperçut cet officier-général à la tournure encore jeune et alerte, il lui demanda où il commandait : son étonnement fut grand à la réponse de mon père qui lui dit que depuis quatre ans il était à la retraite. Dès ce

(1) Le *Pays*, du 20 octobre 1852 ; — F. Laurent : Voyage de Napoléon III en 1852. (Paris, S. Raçon, 1853, p. 455.

moment, le chef de l'Etat fut encore mieux convaincu que le gouvernement avait eu tort de supprimer le cadre de réserve pour mettre à la retraite bien des généraux très valides, et qui devenaient ainsi inutiles.

Deux mois après, les généraux en retraite obtenaient gain de cause; et plus tard, lors des guerres que la France eut à soutenir, on fut heureux d'avoir recours à leur expérience et à leur dévouement pour leur confier divers commandements sédentaires.

Relevé de la retraite, par décret impérial du 26 décembre 1852, le général de Bremond d'Ars se trouva donc placé dans le cadre de réserve, ainsi qu'un très grand nombre d'autres officiers généraux qui avaient vivement réclamé cet acte de justice à leur égard. Mon père avait eu l'occasion de se faire leur interprète : et dès le 12 décembre précédent, l'empereur lui-même, dans une audience aux Tuileries, assurait à mon père que satisfaction serait bientôt donnée aux derniers représentants de l'ancienne armée (1).

Au mois de novembre 1857, le général de Bremond d'Ars, reçut, comme tous les militaires qui avaient servi de 1792 à 1815, la médaille de Sainte-Hélène. Le nombre en était alors considérable, car le brevet, signé du duc de Plaisance, porte le n° 256912 : une véritable armée.

----

(1) *Moniteur universel* du 1ᵉʳ janvier 1853.

*
* *

J'arrive aux dernières années de mon père, parvenu presque sans infirmités et conservant toutes
ses facultés jusqu'à l'âge de quatre-vingt-huit ans.
Mais bientôt ses forces s'épuisèrent, et la mort de
ma mère (le 25 février 1875) fut la dernière épreuve à
laquelle, malgré sa force et sa résignation, il ne put
résister. En peu de jours, la maladie fit de rapides
progrès ; c'était comme une lampe qui s'éteint : la
médecine est impuissante à la raviver. On crût
cependant, en le voyant encore libre d'esprit et de
parole s'entretenir avec ceux qui l'entouraient, qu'il
pourrait vaincre cette terrible crise : il n'en fut rien,
et le 12 mars 1875 il rendait paisiblement son âme à
Dieu.

Voici un extrait du compte-rendu de la mort et des
obsèques du général de Bremond d'Ars, publié dans
le *Courrier des Deux-Charentes*.

« Il y a à peine quinze jours, nous annoncions avec
regret la mort d'une des bienfaitrices de la ville de
Saintes, Mme la comtesse Théophile de Bremond
d'Ars (1). Aujourd'hui nous apprenons le décès de
son mari. »

Puis, suivaient quelques notes biographiques sur
le général extraites des Annales de la Légion d'honneur et le Grand Dictionnaire universel du XIXe siècle.

Le même journal, dans un numéro suivant, donnait

______

(1) *Le Courrier des Deux-Charentes*, du 14 mars 1875.

sur la cérémonie funèbre d'intéressants détails que nous ne faisons que résumer.

« Le général de Bremond d'Ars avait eu la douleur de voir son épouse bien-aimée descendre au tombeau : cruelle séparation à partir de laquelle il sentit sa fin approcher, ses forces l'abandonner : ses pensées se reportèrent dès lors sans cesse vers celle qu'il devait bientôt rejoindre dans l'éternité. Aussi, est-ce avec une douce et sublime résignation que cet homme de bien, ce vaillant soldat envisageait la mort. Le général de Bremond d'Ars était âgé de quatre-vingt-huit ans, mais, malgré ce grand âge, il était permis d'espérer qu'il servirait quelque temps encore d'exemple à la génération présente.

« Cet espoir de sa famille et de ses nombreux amis ne fut point réalisé.

« Jusqu'au dernier moment, l'énergie morale soutint un corps épuisé par les années. Il était, en effet, doué de l'esprit le plus droit, du cœur le plus ferme et de l'âme la plus haute dans les sentiments religieux. Personne ne fut jamais plus fidèle dans ses amitiés et plus généreux dans son dévouement. Son existence entière fut consacrée à l'accomplissement du devoir dont il était l'esclave, et il s'employa toujours pour être utile à ses concitoyens.

« ... Ses obsèques ont eu lieu à la cathédrale de Saint-Pierre au milieu du concours immense de la population qui lui a donné ainsi un dernier témoignage de sa reconnaissance. Dès le matin, notre cité avait pris un aspect inaccoutumé, car une foule d'habitants des communes voisines étaient venus s'associer au deuil de la ville natale du général de Bremond.

« ... Le deuil était conduit par M. Anatole de Bremond d'Ars, ancien sous-préfet, chevalier de la Légion d'honneur, fils aîné du général, M. Gaston de Bremond d'Ars, son autre fils, chef d'escadron au 9e dragons, chevalier de la Légion d'honneur, M. le marquis de Saint-Geniez-Thézan, son gendre, et ses neveux, MM. le général de division marquis de Bremond d'Ars, grand-officier de la Légion d'honneur, Edmond de Bremond d'Ars, chevalier de la Légion d'honneur, ancien officier supérieur de cavalerie, Charles et Théophile de Bremond d'Ars. Derrière eux, suivait une foule compacte et recueillie de personnes appartenant à toutes les classes de la société. Dans le cortège, figuraient également toutes les notabilités de Saintes et des environs.

Les honneurs militaires étaient rendus au défunt par la garnison de la ville, l'artillerie, l'infanterie, la gendarmerie, ainsi que la compagnie des sapeurs-pompiers.

Le clergé était également fort nombreux : M. l'abbé Bonnet, curé-archiprêtre de la cathédrale, MM. les curés et prêtres des trois autres paroisses de Saintes ; M. l'abbé Petit, curé d'Ars, M. l'abbé Bunlet, curé de Dompierre-sur-Charente, et beaucoup d'autres prêtres des communes de l'arrondissement.

L'Église avait voulu payer son tribut de reconnaissance en déployant une pompe extraordinaire, comme l'armée avait été désireuse de rendre les derniers honneurs à l'un de nos bons et vaillants généraux.

Sur tout le parcours de la cathédrale au cimetière de Saint-Pallais, les abords de la route étaient envahis par la foule, comme l'étaient les fenêtres et les balcons de toutes les maisons. Chacun était venu saluer une dernière fois les restes mortels du vaillant soldat, notre compatriote. »

Avant de donner les discours prononcés au cimetière sur la tombe du général, voici quelques extraits de l'allocution de M. l'archiprêtre qui avait donné l'absoute.

Mes très chers Frères,

« Avant d'achever les prières de la sainte Liturgie, avant de bénir ce cercueil, mon cœur me presse de m'incliner, et d'adresser à Dieu d'humbles actions de grâces, au souvenir des vertus que le vaillant général de Bremond, dont nous pleurons la mort, laisse comme un précieux héritage à sa noble famille.

« C'est Dieu qui envoie du ciel les généreux sentiments, les sages conseils, toutes les bonnes pensées : — *Omne donum desursum est descendens a patre luminum.*

« Aucun de ces dons n'a manqué au digne descendant de l'illustre famille des Bremond d'Ars.

« Sans doute, ces dons du ciel, Dieu les accorde

quelquefois à des hommes d'élite, qui pourtant ne sont pas ses vrais fidèles serviteurs. Mais ce qui distingue ses amis, c'est la Foi, car sans ce don inestimable, tous les autres ne sont rien aux yeux de Celui qui juge les justices mêmes.

« Si la Foi n'avait consacré toutes les belles qualités d'une excellente nature, en vain le ministre de Dieu voudrait-il faire monter les accents de sa prière vers le trône de la miséricorde infinie.

« Et disons-le hautement — il faut à la gloire humaine un rayon du ciel, pour qu'elle brille de tout son éclat, même aux yeux du monde.

« C'est ce rayon, c'est cette lumière qui a éclairé la longue carrière du général, qui l'a guidé sur le chemin de la vie, aux heures du combat comme aux heures du repos, au sein de sa famille comme sur les champs de bataille, dans toutes ses œuvres, soit publiques, soit privées, lui inspirant toujours, selon les circonstances, la valeur, la prudence, la modestie, la charité.

« Mais c'est surtout dans les dernières années d'une vie si bien remplie que sa foi s'est manifestée : souvent sa pensée s'élevait vers Dieu ; il aimait à prier, et nous l'avons vu prosterné et profondément recueilli, quand il devait recevoir le divin Sacrement de l'autel.

« Aussi, lorsque frappé dans une de ses affections les plus chères par la mort de sa digne compagne, il sentit ses forces défaillir, avec quel pieux empressement il demanda les secours et les consolations de la foi, de cette foi héréditaire dans sa famille.

« Combien sa confession dût être humble, pleine de componction et de confiance !

« Puis, après avoir béni ses enfants, après leur avoir donné ses conseils, et les avoir exhortés à vivre toujours dans la paix et l'union, ses pensées s'élèvent, et il exprime la joie qu'il éprouve de retrouver au sein de Dieu ceux qu'il a aimés sur la terre : « Bientôt, dit-il, je reverrai mon respectable père, « ma sainte mère, mon excellente épouse. »

« Mais l'heure suprême s'avance : ses enfants, agenouillés autour de sa couche funèbre, récitent en sanglotant les dernières prières. Lui, plein de confiance en la miséricorde de son Dieu, il murmure avec les accents de la foi la plus vive ces sublimes paroles : « *In manus tuas, Domine, commendo spiritum meum* : Seigneur, je remets mon âme entre vos mains, et il expire.....

« En présence d'une mort aussi chrétienne, recueillons-nous, mes chers Frères, et prions. Mais que notre prière soit soutenue par l'espérance, car ils sont heureux ceux qui meurent dans la paix du Seigneur, dit l'Esprit-Saint : *Beati mortui, qui in Domino moriuntur.* »

Au cimetière, M. le commandant de Bonsonge, capitaine de frégate, prononça le discours suivant (1) :

(1) Anatole Martin de Bonsonge, capitaine de frégate, chevalier de la Légion d'honneur, mort de la fièvre jaune au Sé-

Messieurs,

« Quelques jours à peine se sont écoulés, depuis que nous sommes venus. ici même, rendre les derniers devoirs à la compagne dévouée de celui dont nous déplorons aujourd'hui la perte.

« Cette tombe à peine fermée a dù s'ouvrir de nouveau pour recevoir un loyal soldat, un honnète citoyen, un homme de bien.

« Je crois répondre aux sentiments qui vous animent tous, en rappelant à vos souvenirs les traits principaux de la vie du général comte de Bremond d'Ars, vie bien remplie qui peut servir de modèle, non seulement à ceux qui suivent la noble carrière des armes, mais à tous ceux qui ont au cœur le sentiment du devoir et l'amour de la patrie.

« Théophile-Charles de Bremond d'Ars naquit à Saintes. le 24 novembre 1787. Fils du marquis de Bremond, député de la noblesse de Saintonge aux Etats-Généraux de 1789, il appartenait à une famille toute militaire dont le nom est intimement lié à l'histoire de nos provinces. Depuis Guillaume de Bremond qui vivait à la fin du Xe siècle, les Bremond ont souvent arrosé de leur sang les champs de ba-

négal le 9 septembre 1881, âgé de quarante-neuf ans. Son nom a été donné à un bâtiment de l'Etat. Il était neveu du général de Chasseloup-Laubat et gendre du général Coffinières de Nordeck. Il avait fait la campagne de 1870. comme colonel de mobiles. (*Revue de Saintonge et d'Aunis*, t. III. p. 182.)

taille de l'Europe et les ponts de nos vaisseaux.

« Marchant sur les traces de ses ancêtres, le jeune Théophile de Bremond embrassa la profession des armes ; il entra à l'école militaire de Fontainebleau, en sortit le 23 septembre 1806 comme sous-lieutenant au 21ᵉ régiment de chasseurs à cheval et fut dirigé sur l'Allemagne.

« En 1807, il fait la pénible campagne de Pologne, combat à Ostralenka, à Tykoczin où il est blessé au flanc droit.

« En 1808, Napoléon appela en Espagne ses meilleures troupes ; le 21ᵉ chasseurs prit part à cette guerre terrible et meurtrière. Théophile de Bremond assista au siège de Saragosse, au combat de l'Arzobispo où son régiment força le passage du Tage ; il prit part à la conquête de l'Andalousie, fut cité à l'ordre du jour de l'armée en récompense de sa brillante conduite au combat de Berlanga où par trois fois il ramena ses cavaliers sur l'ennemi.

« Il fut grièvement blessé à la cuisse au combat d'Aracena ; à peine remis de sa blessure il paraît à Fuente-Cantos et à la bataille d'Albuera où il reçut un coup de feu au bras gauche ; une nouvelle citation à l'ordre du jour le signala comme un des officiers les plus méritants de l'armée.

« Il se battit comme capitaine à Vittoria et à Tolosa ; enfin, aux jours de revers, alors que le maréchal Soult, forcé d'évacuer l'Espagne, fut obligé de faire face aux armées anglaises et portugaises réunies sous le commandement du duc de Wellington, Théophile de Bremond conduisit une charge brillante à Orthez, fut laissé pour mort sur le champ de bataille, mais il parvint pendant la nuit à tromper la surveillance de l'ennemi pour venir combattre à Toulouse, dernière et stérile mais glorieuse victoire.

« Lorsque le Gouvernement de la Restauration vint panser les blessures de la France, le capitaine de Bremond vit bien que le temps des grandes guerres était passé, il s'en consola en pensant qu'il avait encore un devoir à remplir, celui d'initier les jeunes officiers aux pratiques de la vie militaire, de former pour notre pays les jeunes soldats qui devaient plus tard s'illustrer sur la terre d'Afrique.

« Aide-de-camp des généraux de Montmorency-Laval et Donnadieu il fut nommé chef d'escadron le 16 juillet 1817, lieutenant-colonel en 1822; et fit comme colonel commandant le 3e dragons la campagne de Belgique en 1832.

« Promu général de brigade en 1841, il commanda la cavalerie du camp de Plélan sous les ordres de Monseigneur le duc de Nemours, passa ensuite à la subdivision des Deux-Sèvres, fut deux fois inspecteur général de cavalerie, et fut enfin admis au cadre de réserve en 1849.

« Il était chevalier de Saint-Louis depuis 1824 et commandeur de la Légion d'honneur depuis 1847.

« Rentré dans la vie privée le général de Bremond

fut choisi par ses concitoyens pour représenter leurs intérêts au Conseil municipal de Saintes.

« Plusieurs de ses collègues sont venus lui rendre les derniers devoirs : ils pourraient dire, mieux que moi, combien ses sages avis, son jugement droit, ont été utiles à l'administration de cette ville.

« Mais c'est surtout au milieu des siens, dans les épanchements intimes de la vie de famille, que le général, quelquefois sous une apparence de brusquerie que donne la longue habitude du commandement, laissait paraître les qualités généreuses de son cœur ; d'une modestie bien rare, il aimait à raconter les hauts faits de ses compagnons d'armes et paraissait s'oublier lui-même.

« Lorsqu'il sentit que la mort était proche, il employa ses derniers jours à mettre en ordre les documents qu'il avait recueillis pour l'histoire de son régiment. Détail touchant, la veille de sa mort il se faisait présenter ses armes et ses équipages de guerre. Enfin quand il vit que tout allait finir pour lui, il réunit ses enfants, demanda les secours de la religion et remit sans crainte son âme aux mains de Dieu.

« Et maintenant, mon Général, qu'il me soit permis au nom de votre famille, au nom des nombreux amis qui vous entourent, au nom de ces soldats qui ont voulu porter eux-mêmes votre dépouille mortelle à sa dernière demeure, au nom de la France, si je l'ose, que vous avez si loyalement servie, de vous adresser un suprême adieu.

« Dans votre paisible retraite que les passions politiques n'ont pas toujours respectée, vous étiez de ceux qui pensent que si les gouvernements changent, la France reste : votre épée l'a toujours servie avec dévouement, votre cœur n'a jamais cessé de l'honorer.

« Vos enfants, vos neveux paient aussi leur dette à leur pays ; ils ont eu leur part dans nos tristes et sanglants revers, ils recueilleront pieusement votre glorieux héritage d'honneur et le transmettront à leurs enfants, n'oubliant jamais que c'est une grande et noble manière de servir Dieu que de bien servir sa patrie. »

M Louis Remacle, sous-préfet de Saintes, prit la parole en ces termes :

Messieurs,

« Si l'homme éminent auquel nous rendons les derniers devoirs n'avait d'autre notoriété que celle que lui prêtent ses glorieux services militaires, je laisserais aux représentants de l'armée le soin de lui rendre le tribut de regrets et d'hommages auquel il a tant de droits. Mais le général de Bremond d'Ars n'appartient pas seulement à l'armée : il appartient encore à cette ville qui l'a vu naître, qu'il a aimée et dans laquelle il a passé la moitié de sa vie : il appartient au pays tout entier qu'il a si loyalement servi dans sa vie civile aussi bien que dans sa carrière militaire. En leur nom, je revendique l honneur de

vous laisser l'espoir de les garder longtemps encore :
mais, néanmoins, quel coup subit et cruel en même
temps dans ces deux victimes !

« Il y a quelque chose de touchant et qui transperce
l'âme dans la mort du brave général qui ne trouve
plus l'énergie de survivre à sa femme. Quel vide pour
vous, monsieur le comte, et quelle perte pour le pays
entier ! Je vous prie de croire que nul ne prend à
votre malheur une part plus large et plus sympa-
thique. Vos sentiments chrétiens vous consoleront.
Ceux qui partent après une aussi belle carrière sont
assurés de la couronne, ou alors nul ne le serait.

« Que Notre-Seigneur vous soutienne et qu'il vous
dise, en même temps, le tendre respect avec lequel je
suis, monsieur le comte, votre bien dévoué serviteur. »

† FRÉDÉRIC, Evêque de Mende (1).

L'évêque de Nantes, Mgr Fournier, s'empressa, de
son côté, de m'exprimer ses compliments de condo·
léances.

Quelques mois après la mort de votre grand-
père, votre mère et moi, mes chers Enfants, nous
étions à Saintes : et comme on se disposait à placer
de nouvelles cloches à la cathédrale de Saint-Pierre,
votre mère fut choisie pour être marraine de l'une
d'elles avec le maire de la ville. Cette cérémonie fut

---

(1) La vie et la correspondance de Mgr Saivet ont été pu-
bliées en deux volumes, par M. Rous.

présidée par M⁰ʳ de Las Cases, ancien évèque de
Constantine, chanoine de Saint-Denis, qui, dans son
discours, rappela ainsi le souvenir vénéré de votre
aïeul. Voici en quels termes :

« ... Et puis, laissez-moi vous le dire, je ne suis
pas pour vous tout à fait un étranger. Sans doute, un
évêque catholique est partout comme chez lui, mais
ici je me trouve comme dans ma propre famille. Naguère encore, vous rendiez un hommage éclatant à
la mémoire d'un de vos plus illustres enfants, à un
homme qui, après avoir. aux jours de sa jeunesse,
versé son sang pour la Patrie sur tous les champs de
bataille de l'Europe. avait voulu consacrer les années
de son âge mûr au bien de son pays, qu'il sût édifier
au temps de sa vieillesse par l'exemple des vertus
qui font l'homme et le chrétien.

« Le général de Bremond d'Ars se faisait honneur
d'appartenir à la vieille province de Saintonge, et
il se faisait honneur d'être de la ville de Saintes ; et
moi, mes chers Frères, je me fais honneur, grande-
ment honneur d'être allié à une telle famille, et, par
là, d'être quelque peu vôtre... etc. » (1)

---

(1) M⁰ʳ Barthélémy-Félix de Las Cases, ancien évêque de
Constantine et d'Hippone, fils du comte François de Las Cases
(frère de l'auteur du *Mémorial de Sainte-Hélène*) et de M¹¹ᵉ de
Saint-Geniez-Thésan, était cousin germain du marquis de
Saint-Geniez-Thésan, mon beau-frère. Par sa grand'mère
maternelle, la marquise de Saint-Geniez, née Bourdeille Ma-
tha, nièce du dernier maréchal d'Aubeterre, il se trouvait
ainsi allié de toute la noblesse de Saintonge.

Six mois plus tard, comme j'avais fait hommage à Mgr le duc de Nemours d'un petit ouvrage fort rare et que j'avais fait réimprimer avec quelques annotations, l'*Alphabet de l'Art Militaire, de Jean Montgeon*, vieil auteur angoumoisin du XVIIe siècle, Son Altesse Royale daignait de nouveau parler de votre grand'père.

Paris, 12 octobre 1875.

Monsieur,

« Je n'ai reçu qu'un peu tardivement la lettre que vous m'avez écrite le 14 septembre, et les livres qui l'accompagnaient

« Je m'empresse de vous remercier.

« J'ai été très sensible à l'expression de vos sentiments et à l'attention que vous avez eue de m'offrir ces deux beaux volumes. Soyez persuadé que je lirai toujours avec intérêt tout ce qui me rappellera le souvenir de monsieur votre père et ses services dans l'armée, et avec plaisir tout ce qui retrace les nobles exemples du dévouement traditionnel au Drapeau.

« Recevez ici, je vous prie, Monsieur, avec mes remerciements, l'expression de mes sentiments distingués. »

Louis d'Orléans.

A Monsieur A. de Bremond d'Ars, marquis de Migré,
Au château de la Porte-Neuve, près Pont-Aven
(*Finistère*).

Dans cette lettre, Mgr le duc de Nemours fait allusion à un chapitre du livre de Jean Montgeon, où est le récit de la mort héroïque du jeune baron du Chastellier, tué à l'âge de seize ans en défendant son drapeau au siège de Taillebourg en 1589, et où le même trait de vaillance du marquis d'Ars, au combat de Montancey en 1652, est également cité.

Cet excellent prince, digne petit-fils d'Henri IV qu'il rappelait par les traits comme par la loyauté et la vaillance, m'avait plus tard encore remercié de vive voix de lui avoir fait hommage de ce très curieux et fort ancien livre ; et il voulut même m'exprimer toute son approbation pour avoir, dans cette publication, fait revivre la mémoire et le nom de ces jeunes héros de notre famille.

Enfin, mes chers Enfants, ce bon et noble prince à qui votre grand-père fut si constamment dévoué, m'honora toujours de sa bienveillance : et, bien des années plus tard, daignait agréer l'hommage d'un autre livre : Son Altesse en prenait même occasion pour me parler encore de mon père.

« Monsieur, m'écrivait Monseigneur le duc de Nemours, le 9 décembre 1889, j'ai reçu avec votre lettre le magnifique volume que Monsieur le duc de la Trémoïlle m'a remis de votre part. Vous avez fait précéder la réimpression de la *Vie de Mme de la Tour Neuvillars* d'une introduction dont vous êtes l'auteur. La valeur de votre œuvre est encore rehaussée par la haute approbation qu'elle a reçue de Notre Saint-Père le

Pape Léon XIII et de plusieurs éminents prélats.

« J'ai donc beaucoup à vous remercier de l'envoi de cet ouvrage. Il me tardera de pouvoir y recueillir les précieux enseignements qu'il contient.

« Le souvenir que vous invoquez des membres de votre famille me reste bien présent, spécialement celui de Monsieur votre père, le général de Bremond d'Ars, que j'ai eu souvent près de moi dans l'armée, et dont, par conséquent, j'ai pu apprécier plus particulièrement le sérieux mérite, ainsi que les aimables qualités.

Avec mes remerciements, recevez donc ici, Monsieur, je vous prie, l'assurance de mes sentiments les plus distingués. »

LOUIS D'ORLÉANS.

A Monsieur le marquis de Bremond d'Ars Migré,
conseiller général du Finistère.

Monseigneur le duc d'Aumale avait également gardé un bon souvenir de votre grand-père. En 1875, j'avais pris la liberté de faire hommage à ce prince, notre président d'honneur de la Société des Bibliophiles Bretons, de quelques-unes de mes modestes publications historiques. M. Edouard Hervé, l'éminent publiciste, plus tard membre de l'Académie Française, et alors mon voisin de campagne dans le Finistère, s'était fait mon intermédiaire auprès de Son Altesse Royale qui m'en accusait aussitôt réception par les lignes suivantes :

Faubourg Saint-Honoré, octobre 1875.

« Monsieur le marquis, j'ai reçu par les mains de M. Edouard Hervé, de votre part. les jolis volumes que vous avez bien voulu m'offrir, ainsi que la notice sur votre père, le général de Bremond d'Ars. que je me rappelle très bien et que je connaissais depuis ma jeunesse. Je vous remercie de vos intéressantes publications, et croyez bien, à cette occasion, aux sentiments avec lesquels je demeure votre affectionné.

H. d'Orléans.

Les journaux de Paris et de la province se firent l'écho du journal local de Saintes, la ville natale du général de Bremond d'Ars, en reproduisant les principaux passages du récit de ses obsèques. Le Bulletin religieux du diocèse de la Rochelle, sous la signature de M. le vicomte Hippolyte de Tilly, consacra au regretté général une notice dont je tiens à détacher le passage suivant qui est un dernier hommage aux sentiments chrétiens de mon père et de notre famille.

« A l'exemple de ses pères, le général de Bremond d'Ars a loyalement servi Dieu et sa patrie. Il est peu de familles dans notre province qui puissent offrir un aussi antique héritage de foi et de gloire. Depuis le XIe siècle, les Bremond ont vaillamment porté l'épée de la France, et sont restés inviolablement attachés à l'Eglise. On les compte parmi ces preux chevaliers

des Croisades, qu'un pieux enthousiasme entraînait
vers le tombeau du Christ. On les voit ensuite verser
leur sang sur les champs de bataille de Crécy et d'A-
zincourt..., etc. Le général se montra leur digne hé-
ritier pour le courage et la foi. »

.*.

J'ai achevé, mes chers Enfants, de vous retracer la
vie de votre grand-père, le général de Bremond d'Ars:
carrière brillante, mais qui ne présentait aucun
fait militaire très marquant à signaler. Je me suis
principalement attaché à grouper autour de ce récit
les nombreux témoignages d'amitié, de respect et de
considération que mon père recueillit constamment
durant sa longue existence.

Exempt d'ambition vulgaire, la satisfaction du devoir accompli fut pour lui, comme pour mon aïeul, sa
meilleure récompense.

Si notre famille, sous l'ancien régime, partagea les
quelques privilèges attribués aux gentilshommes, à
ces défenseurs-nés de la Nation — *Gentis Homines* —
elle n'en eut pas la jouissance gratuite ; elle paya largement l'impôt suprême, l'impôt du sang.

Assurément, on n'est jamais quitte envers la Patrie, c'est une dette qui ne peut s'éteindre. Maintenant,
elle incombe indistinctement à tous les citoyens français. Mon père l'avait compris de bonne heure : vous
l'avez vu se disposant, dès avant l'âge de seize ans,
à endosser la cuirasse de simple volontaire. Il prit

donc loyalement et bravement sa part dans cette
dette sacrée. L'unique but qu'il se proposait, fut de
passer ses derniers jours dans la paisible et noble indépendance du soldat qui a servi, durant un demi-
siècle sans peur ni reproche ; son seul désir fut de
laisser sa mémoire en honneur parmi ses compatriotes, mémoire que ses petits-enfants et neveux
seront toujours fiers de rappeler.

www.ingramcontent.com/pod-product-compliance
Lightning Source LLC
LaVergne TN
LVHW021545170726
843501LV00004B/1203